青山レイコ

週末女装子道《しゅうまつじょそこどう》

～私、普段はまじめなサラリーマンです～

みらいパブリッシング

Budweiser

garibaldi
かりばるでぃ
Win

はじめに

女の子になることを夢見て

幼い頃から、ずっと可愛いものが好きだった。ひらひらのスカート、ぴかぴかのアクセサリー、お人形さんみたいなふわふわの巻き髪……。

中学生のとき、欲望を抑えきれずに開けた、ランジェリーショップの扉。

店内には夢にまで見た色とりどりのショーツやブラジャー。じっくり見たい気持ちを抑えて、恥ずかしさで顔を真っ赤にした私は、目に付いた真っ白なショーツを無我夢中で購入しました。

その後も家族には内緒で、ワンピースやブラウス、スカートなどの女性用の洋服に始まり、メイク道具、アクセサリー、ウィッグ、靴《くつ》、バッグ、下着、水着など、ありとあらゆる女性用品を集めるように。

少しでも美しい「女装子」になるため、服は自分のサイズに調整し、毎晩スキンケアを施し、メイク教室に通い、腕を磨きました。

昼間はまじめなサラリーマンとして会社で働いていた私は、いつしか仕事を終えると「青山レイコ」に変身して夜の街へと繰り出すように。そして、楽しい時間が終わると、平常心で〝男〟に戻り、「ただいま」と言って家族の元へ戻るのです。

こんな生活を長年続けてきました。

あの、初めてランジェリーショップでショーツを購入した日から、もう50年近くが経過します。

家族も私にこんな裏の顔があることは知らない。

でもこの本では、そんな私の秘密をすべて公開したいと思います……。

週末女装子道 ～私、普段はまじめなサラリーマンです～ 目次

第3章
女装子の鉄則5カ条……119

第1章

女装子の1日

♡昼はまじめな会社員、夜は美しき女装子

20年以上、家族や職場には内緒で、「昼はまじめなサラリーマン」、「夜は青山レイコ（女装子）」という2つの顔を持ち続けてきた私。

いったいどのようにして両方の顔をキープしてきたのか。

まずはレイコの日常の様子をお伝えするわ。

♠AM7時　起床

朝7時に起床。妻が朝食を作るかたわら、洗面所に行き洗顔とひげ剃りをする。特別なスキンケアは一切なし。着替えてテーブルに着き、妻に「今日は会社の飲み会だから帰りは12時頃になるよ」と告げる。でも、これは真っ赤なウソ。本当は青山レイコとして知り合いのママの誕生日パーティーに行く予定なのだ。でも、

そんなことはおくびにも出さず、朝食を口にする。妻も疑うこともなく「そう、じゃあ晩ご飯はいらないわね」と言う。食事を終えて歯磨きをして、8時に自宅を出発。

「いってらっしゃい」

「いってきます」

私はビジネスバッグと新宿のレンタルボックスに入りきらなかった女装用品をまとめたサブバッグを持って自宅を後にする。どちらも見た目は完全に男物。まさかこの中に除光液やちょっとしたアクセサリーが入っているなんて、妻は思いもしないだろう。

♠AM8時半

通勤電車に揺られ、会社の最寄り駅で降りる。会社は北口にあるが、周囲をこっそり見渡しながら南口のコインロッカーへ。小銭を入れて、女装用のサブバッグを預ける。

そしてビジネスバッグを持ち、駅から歩いて5分の会社に向かう。

「おはよう」

あいさつをした後、自宅から持ってきたルイボスティーを飲みながら、同僚に話し掛ける。

「今日はちょっと予定があるから、定時には帰るよ」

「了解」

ゆっくり始動する朝のオフィス。そのなか私は、昨日やり残した仕事を猛スピードで片付け始めていた。

♠正午
午前中の仕事を終わらせ、気づいたらもう12時。昼休憩の時間だ。
同僚と一緒に近所の定食屋を訪ねる。メールを確認すると着信が1件。今夜の主役であるママからだ。返信したい衝動に駆られるが、万が一同僚にスマホの画面をのぞかれたらマズイ。ママには申し訳ないが、メールの内容は確認しないで画面を閉じる。
食事を終え、早く仕事を終わらせたい一心で仕事に励むと、いつもより自然と効率が上がっていく。不思議なものだ。

♠ＰＭ５時半

終業のチャイムが鳴ると同時にパソコンを閉じ、そそくさと退社する。駅のコインロッカーに急いで立ち寄り、サブバッグを取り出して、電車にかけ乗る。

目的地は新宿。そこには毎月契約しているレンタルボックスがあるのだ。

♠ＰＭ６時

レンタルボックスに到着。さっそくスーツ、ワイシャツ、トランクスを脱ぎ、身体を拭いてから女性用の下着、衣装に着替える。今日はママに喜んでもらうため、シンデレラの衣装を新調した。もちろん新しいメイクもレッスン済みだ。

プロも目をみはるほどの立派なメイクボックスを広げ、ベースメイクから順に、アイメイク、リップ、チークと仕上げていく。もちろんメイク前のひげ剃りも怠らない。

周囲の音も耳に入らないほど集中し、徐々にレイコの顔へと仕上げていく。最後にウィッグをつけてネイルもばっちり！　バッグや財布も女性物へと移し替える。

　全身鏡に映った自分の姿を見てウットリ……。今日の会場で一番キレイなのはレイコじゃないかしら？　と錯覚するぐらい、もう1人の美しい自分が鏡の中にいる。

　しかし、のんびりはしていられない。時刻はもう7時半。あと30分でパーティーが始まっちゃう！

　XLのハイヒールを履き、レンタルボックスを出る。タイミング良く通りかかったタクシーを止めてママの店の名前を告げ、コンパクトケースを使ってメイクの最終チェック。うん、大丈夫。今夜のナンバーワンもレイコだわ。

♠PM8時
　タクシーを降り、店に入った瞬間
「きゃー！　レイコちゃーーーーん！！！」
「今日は一段とキレイ！　キラキラね！」

ママたちが駆け寄り、抱きついてくる。

「もう！　メールの返事、ずっと待ってたのよぉ〜〜」

「ごめん、ごめんー」

と会話を交わしている間も、次々と常連のお客さんがレイコの姿を見てハグを求める。新しい衣装も大好評。代わる代わるみんなが「レイコちゃん、それ可愛い！」「どこで買ったの？」と聞いてくる。なかには、どさくさに紛れてそっと太ももに手を置いてくる男性も……。もう何やってんの！　心の中でそう思いながら、そっと手をよける。

お酒や料理がどんどんサーブされ、会場のボルテージは最高潮に。

「レイコちゃん、ケーキ食べた？　すごくおいしかったよ！」

「ダイエット中だから、遠慮しておくわ」

本当はお腹を締め付けるウエストニッパーが苦しくて食欲が出ないだけだけど、そんなの気にしない！　だって今日のレイコは最高に素敵なんだもん♪

みんなで騒いで、カラオケして、ゲームして。楽しかった時間もそろそろおしまい。感動のフィナーレのなか、ママが感謝の言葉で締め、全員が拍手で応える。

パーティーはいったんここでお開き。その中、「二次会行こう！」の声が飛び交う。

「賛成〜！」

盛り上がっているけれど、そんな周囲を横目に、レイコはそそくさとコートを羽織る。

「あれ、レイコちゃん、二次会には行かないの？」

「うん」

みんなに惜しまれつつも、今日のパーティーはもうおしまい。12時には帰ると妻に言ってしまった。これ以上長居したら、約束は果たせない。

タクシーを呼んで手を振って、別れを告げる。

「また今度ねー」

そう言ってレンタルボックスへ急いで向かった。

♠PM10時半
レンタルボックスに到着。慌てて衣装を脱ぐ。クレンジングを使って、顔の隅々までメイクを落とす。目の際のアイライナーやマスカラは特に落ちにくいから気をつけなくては。

シャワーを浴びた後、大急ぎで着替えてドライヤーをかけ、ネイルを除光液で落とす。そして男性用のサブバッグの中に間違えて女装子用品を入れていないか持ち物の最終チェック。

すっかり男に戻った私は、電車に揺られ、自宅を目指す。時刻は11時過ぎ。今から帰れば12時には間に合う。

約束時間の10分前にギリギリセーフで我が家に到着。「おかえり」と妻が出迎えてくれる。

「ただいま」

家に帰ってから再びシャワーを浴び、クレンジングで顔の油分を落とす。美肌を保つため、メイクの先生に指導された、毎日の習慣である。

風呂に入った後は、化粧水と栄養クリームを塗って、布団に入る。

布団のなかで今日のパーティーのことを振り返る。シンデレラの衣装は好評だった。今度はアナと雪の女王のエルサの格好がしたい。さっそくメイクの先生に相談しよう。

　そう考えているうちに眠りにつく。そして翌朝私はまた、まじめなサラリーマンとして会社に出勤するのだ。

レイコの一日

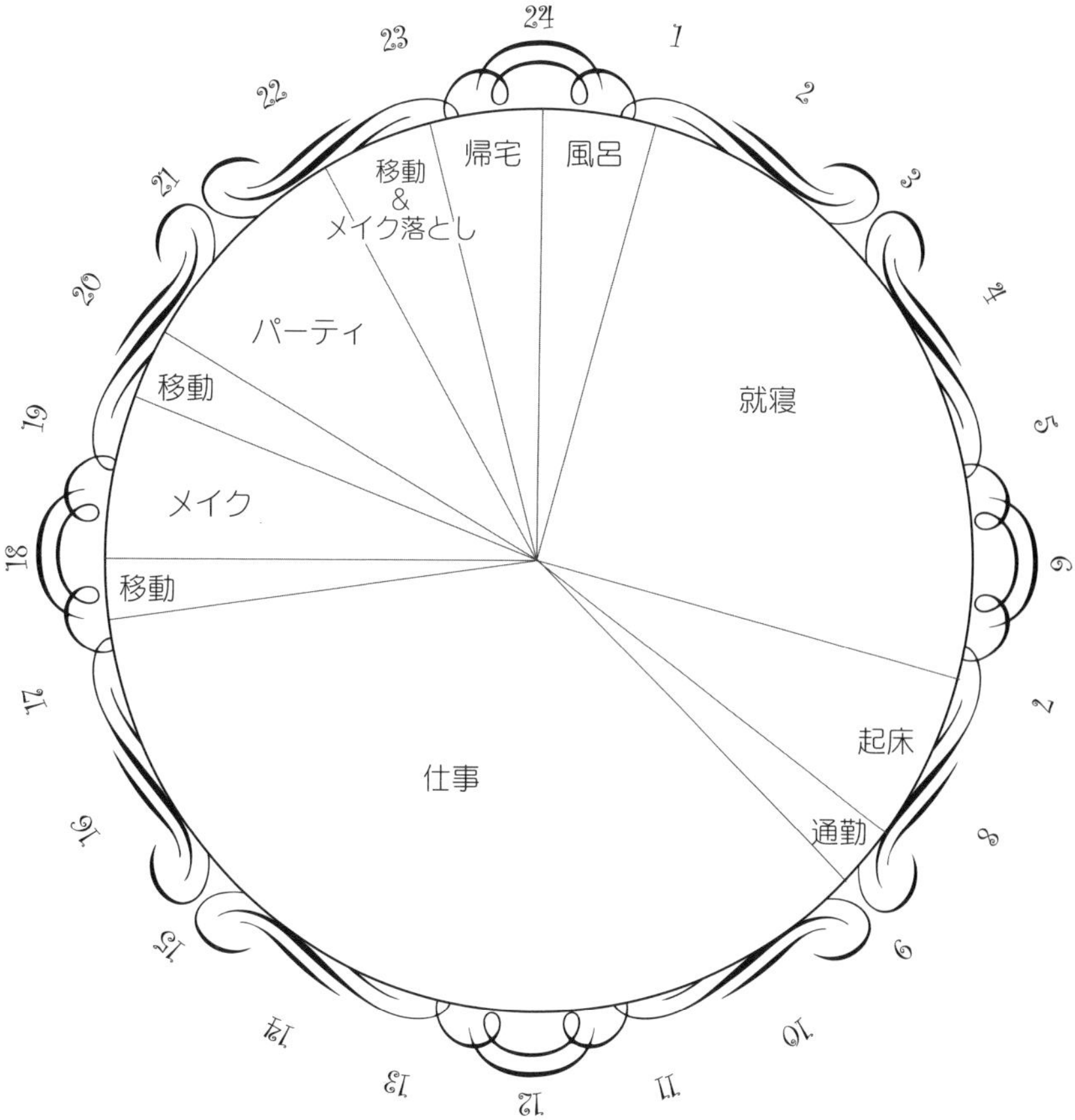
24
1
2
3
4
5
6
7
8
9
10
11
12
13
14
15
16
17
18
19
20
21
22
23
風呂
就寝
起床
通勤
仕事
移動
メイク
移動
パーティ
移動
&
メイク落とし
帰宅

第2章 女装子になるには

♡女装子っていったいどんな人？

一般的に女装子とは、女装する男性全般を指します。レイコのように普段は男として生活し、あるときだけ女性の格好に変身する人、戸籍は男性だけれど女性の心を持ち、本物の女性になりたいと願ってメイクする人、コスプレ的に女性の衣装を着るだけの人も、全員女装子です。

しかし、この本では、

- ♥戸籍と心は男性
- ♥メイクをし、美を追求し続けている
- ♥内面から美しくありたいと願っている
- ♥社会とのつながりを大切にしている

の４点を持った人のみを「女装子」と定義したいと思います。

まず、「戸籍と心は男性」はレイコ自身がそうなので、当てはまらない人は、本書の通り理想的な女装子になっても満足できない可能性があります。そのため、除外させていただきました。

そのほかの３点に関しては、たとえ女装した姿が美しくても性格が良くなかったり、人を不快にさせたりする人は「理想的な女装子」とはいえないからです。

女装は、健康に良く、肌が若返り、頭が活性化して、交際範囲も広がる、素晴らしい趣味だとレイコは考えています。しかしなかには、女装していつもと違う自分になったことで開放的になりすぎて、家族や周囲に迷惑をかけたり、犯罪行為をおかしたりする人もいます。

日本は比較的、性に寛容な国だと思いますが、まだまだ女装に対する偏見が根強いのも事実。テレビに女装タレントが出演するのは許せても、身内に女装者がいることは好ましくないとほとんどの人は考えるわ。そのような負のイメージが強い女装子が問題を起こしたら、「これだから女装者は……」とさらに厳しい目を向けられることに。たとえ自分は良くても、ほかの女装子に迷惑をかけてしまうのです。

そうならないためにも、**見た目の美しさはもちろん、内面を磨き続けることが大事！**

一般的な社会でも「モテる人」と「モテない人」がいるように、女装子の世界でも人気者と敬遠される人がいます。その違いは、人として魅力的かどうか、です。

女装子というと、「周りから変な目で見られる」「秘密にしなくてはならない」などネガティブな印象を抱く人も多いけれど、見た目も心もキレイな女装子は**老若男女問わず大勢の人からモテモテ！**　レイコも「外見の美」と「内面の美」の両方を追求するようになってからは、行きつけのバーやスナックはもちろん、初めて訪れた店やイベントでもたちまち人気者。おひねりをもらったり、バーで一杯おごってもらったりした経験もあります。

「女装なんてしたら嫌われそう」

「頭がおかしくなったと思われたらどうしよう」

なんて思わないで！　あなたも美しい女装子になって、レイコのようなモテモテライフを送りましょう♪

♡メイクを極めた者が女装子を極める！

先ほど「内面から美しくありたいと願っている」「社会とのつながりを大切にしている」など、女装子の条件を挙げました。けれども、女装子になるにはまず「**女性らしく見える**」ことが大前提！　なかには、女装をしても、体格が大きすぎてとても女性には見えない人もいるけれど、女性に見えなくても、女性らしい美しさを放つことが重要です。

テレビタレントのなかにも、大柄で、女性には見えない女装者もいるわ。でも、ヘアメイクやドレスの力で美しく輝き、男女問わず、大勢のファンを獲得することに成功しています。

極端なことを言えば、**性別関係なく、美しい人は人々を魅了することができるのです。**

そして、美しさのカギとなるのが、「メイク」。

女装者の中には、女性用の洋服や下着のみをまとう「首下女装」を楽しむ人もいるけれど、首下女装は本書の「女装子」には含まれません。何故なら、首下女装はよほど中性的な顔を持つ美男子でない限り、どう頑張っても「女性らしく」は見えないから。

男性が女性らしく見えるようになるには、メイクの腕を磨いていくのみ。メイクを極めたものこそが、女装子を極める！　といっても過言ではありません。

とはいえ、女装子初心者にとって、メイクは大きな難関の一つ。ほとんどの人がメイクの仕方はおろか、どのようなメイク用品を揃《そろ》えればいいかも分からないでしょう。

レイコも、最初は女性用のファッション雑誌や本などを参考にしたけれど、化粧した自分の姿を鏡で見たり、写真で撮ってみるとあまりにひどく、落胆したものよ。

それからは、プロのメイクガイド（講師）の指導を受けて、日々メイクのスキルを上げていきます。

自分でメイクができるようになれば、レイコのようにオシャレして外出することだってできるようになるし、健康的な美を保ち続けることだってできるわ。

ここからは、「メイクなんてやったことないから、どうすれば良いか全然分からない！」という人たちのために、初心者でもできる、女装子にぴったりのメイク術をお教えします♡

♠スキンケア編

メイクと聞いたら、さっそくファンデーションをはたいて、リップを塗りたくる人もいると思うけれど、ちょっと待って！　まず美しいメイクを施すには、**美しく清潔な顔をキープする必要があるの**。そのために重要なのが、毎日のスキンケアよ。

スキンケアとは、肌を良い状態にするための手入れのこと。どんなに高価な化粧品も、荒れた肌の上では、生来の効果を発揮できません。化粧品の力を最大限活用するためにも、まずは以下の方法で毎日肌のお手入れをしましょう！

①クレンジング

一見、分からないけれど、顔には見えない汚れや皮脂がいっぱい！　それをキレイに洗い落とすところからスタートしましょう。

ひと言でクレンジング製品といっても

♥オイルタイプ
♥クリームタイプ
♥シートタイプ

などの種類があるわ。レイコが普段使っているのは、洗い流すタイプのクレンジングオイル。これを家族にバレないよう、最初は男性用を購入して使い切り、空になったケースに女性用の製品を詰め替えるようにしているわ。女性用のクレンジングオイルがお風呂場にあったら、家族から「これ誰の？」となりそうだけれど、男性用だったら「お父さんのかな」で済んじゃうものね。女性用品のケー

クレンジングの仕方

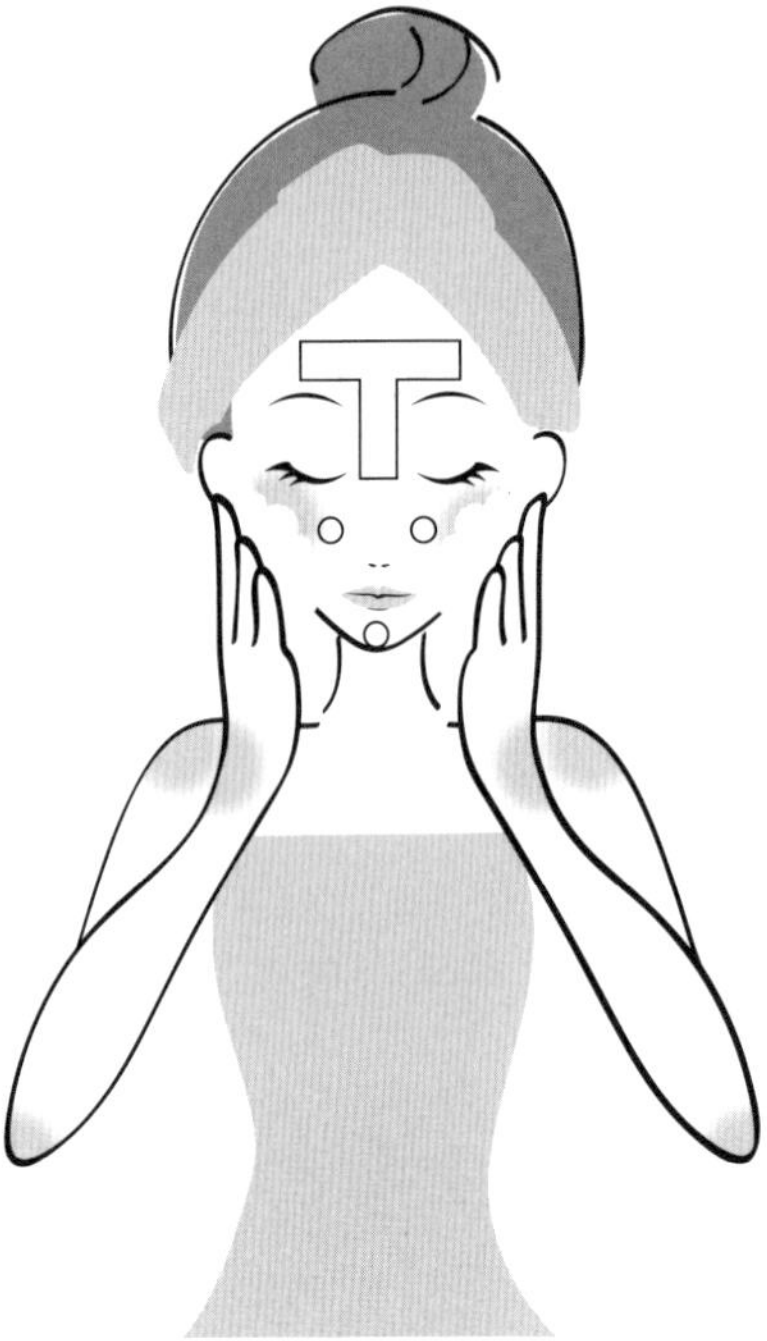

Tゾーン、小鼻の脇、あごを中心に
円を描くようにマッサージ

スは詰め替えた後、家族に見つからないよう、すぐ捨てることも忘れずに！

男性用でも「クレンジングオイルを購入するなんて……」とためらう人もいるんじゃないかしら。レイコも初めは突然男性用クレンジングオイルを買ってきたら、家族が不審がると思ってテレビを観ながらさりげなく「俺も美男子になるために、クレンジングオイルでも購入するかな」なんて小芝居を打ったものよ（笑）。ちょっとびっくりされるかもしれないけど、でも夫や父がキレイになることに反対する女性はまずいないから、安心して。

クレンジングオイルは初めに適量を手に取り、手のひらで十分に温めます。その後はＴゾーンから円を描くように、汚れを浮き出すイメージでマッサージして。とくに皮脂がたまりやすい小鼻の脇、あごの部分は丁寧に！　指がなめらかに滑る感じになったら、水かぬるま湯で何度もすすぎ洗いしましょう。冬などの寒い日でも、熱めのお湯はＮＧ。肌に必要な潤いまで落としちゃうわ。

クレンジングというと、化粧をした日だけするものというイメージがあるけれど、顔には毎日、皮脂や汚れが発生しています。

だからメイクをしていなくても、**必ず毎晩クレンジングをする**ようにしましょうね。

②洗顔

クレンジングオイルの次は、

♥せっけん
♥洗顔フォーム
♥洗顔パウダー

などを使って、キレイに洗顔します。

せっけんや洗顔フォームを使っている人は、まず泡立てネットでよく泡立てて。ポイントはちょっとずつ水を増やしていくこと。つのが立つ程度の固さになったらOKよ。

泡立てネットがない人は、手だけでも大丈夫。このときも水分を徐々に増やしていくことを忘れずに。

洗顔パウダーを使っている人は、粉が飛び散らないよう、手のひらに少量の水を置いてからパウダーをのせていって。少しずつ水分を足して泡立てるとうまくいきやすいわ。

泡ができたら泡で顔を包み込むようにして洗顔して。このとき、洗顔料を顔にすり込むように洗ってはダメ。下から上に円を描くよう、優しく洗いましょう。泡をまんべんなく顔にのせたら、しっかりすすぎを。洗顔時のすすぎは20〜30回行うのがベストとも言われているわ。すすぎの後は、清潔なタオルで優しくパッティング。肌にダメージを与えてしまうので、ごしごしこするのはNGよ！

③化粧水

洗顔後、何もつけずにそのまま放置するのは禁物！　すぐに化粧水をつけて、みずみずしい肌を保ちましょう。

化粧水も値段やメーカーなど、さまざまな種類があるけれど、**大事なのはたっぷり使えること！**　高級化粧品でもケチってちょっとずつしか使わなかったら、ほとんど効果はないわ。経済的、かつ安全性の高い国産の製品がレイコのおすすめよ。

最近は男性用化粧水もよく見かけるけど、肌のキメがより細かくなる女性用の化粧水の方がベター。レイコ以外の女装子も同じ考えの人が多いわ。

化粧水には手のひらで直接つける方法と、コットンを使う方法の2種類があります。

コットンで保湿する場合は、手のひらにコットンを置き、その中央に500円玉くらいの大きさになるまで化粧水を染み込ませて。そして、頬《ほお》、おでこ、目の周辺、鼻、口周りの順にパッティングしていきましょう。やりにくい人は順番を変えてもOK。目の下や頬など、乾燥しやすいところはとくに念入りに！　コットンに残った化粧水は、そのまま首や腕につけるなどして、全身に潤いを与えてね。

コットンも色々なサイズや種類があるけれど、毎日使うものだから、リーズナブルなものがベスト。「今日は自分にご褒美♪」というときは、まぶたの上に化粧水が染み込んだコットンを置いてリラックスする、化粧水アイパックもおすすめよ。

手のひらで直接つける人は、手のひらに500円玉くらいの大きさの化粧水を取り、両手を合わせて先ほどと同じ順番で、指で細かくパッティングしましょう。こちらも順番は変更してもOK。途中で化粧水が足りなくなったらつけ足して、指が肌に吸い付くような感じになるまでパッティングしてね。

④栄養クリーム

化粧水で水分を補給した後は、水分が逃れないよう、栄養クリームを塗りましょう。

栄養クリームも種類は豊富だけれど、レイコは主に、しっとりとした仕上がりのクリームタイプとオイルタイプを愛用しているわ。

栄養クリームは化粧水と違ってべたつきやすいので、つけすぎないよう気をつけて。適切な使用量は製品によって違うけれど、大体クリームタイプの場合は小指の先くらい、オイルタイプは1プッシュくらいが目安よ。

クリームタイプを使う人は、まず適量を手のひらに置き、利き手で少量ずつ取り、こまめに顔全体に伸ばしていきましょう。オイルタイプを使う人は、手のひらでオイルを温めた後、両手をそっと包み込むようなイメージで顔にのせて、優しく塗ってくださいね。

以上で、基本のスキンケアは終了。これを**毎晩、継続しましょう**。続けるうちに段々肌にハリが出てきて、俗にいう「化粧ノリの良い肌」になってくるわ。女装にはさまざまな副次的効果があるけれど、その一つが若返り。レイコも毎日のスキンケアのおかげで、還暦を過ぎても同年代よりキレイな肌をキープできているわ。

♠ベースメイク編

毎日のスキンケアの方法が分かったら、いよいよメイクに挑戦！ 肌をキレイにするベースメイクからお伝えするわね。

①化粧下地

化粧下地（通称、下地）とは肌をなめらかに整え、ファンデーションのノリを良くするためのもの。ほかにも、肌色の調整や化粧くずれ・テカリの予防といった役割も果たしてくれるわ。

下地には主に、

♥クリームタイプ

♥リキッドタイプ

の2種類があります。

肌のトーン（色調や明るさなど）にムラがない人はクリームタイプ（白色）を、赤ら顔や青白めの顔色の人は、肌色調整ができるリキッドタイプがおすすめよ。

また、化粧下地には色のパターンも複数あり、

♡イエロー：誰でも使える万能カラー。シミやくすみ隠しにもおすすめ

♡ピンク：顔色が悪いときや、クマができたときに使うと血色が良く見える

♡グリーン：日焼けして顔が赤くなってしまったときに使うと赤みを抑えられる
♡パープル：透明感を出し、肌のトーンをアップしてくれる

と、効果もさまざまなので、自分の顔色や悩みに合った色を選ぶようにしましょうね。

使用するときは、クリームタイプの場合、まず小指の先くらいの量を手のひらに取り、もう片方の手で顔全体に伸ばします。とくに目の下や小鼻の脇は丁寧に。Tゾーンなど皮脂の分泌が気になるところは、ティッシュで押さえながら余分な下地を取り除くとムラになりにくいです。

リキッドタイプは、小指の先くらいの量を化粧用スポンジにのせます。そして、おでこ・両頬・あごの4カ所に置き、細かく伸ばしていきましょう。つけすぎるとムラになりやすいので要注意！　化粧下地のムラは、ファンデーションではごまかせないので丁寧に行なってくださいね。

スポンジにも色々な種類があるけれど、個人的には一般的な丸型よりも、広い面と角部分を使い分けできる三角型や、家のような形のハウス型がおすすめ。で

スポンジの種類

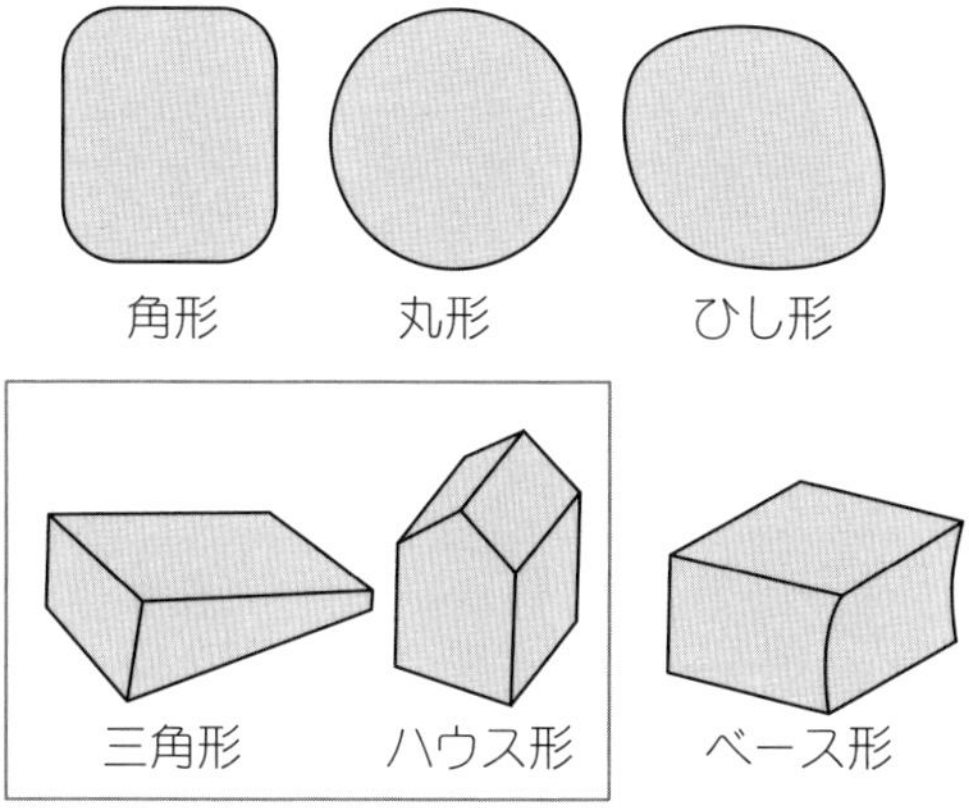

三角形やハウス形が使いやすくておすすめ！

も、人それぞれ好みがあるので、実際に使ってみて気に入ったものを愛用してね。

スポンジは肌の汚れやメイクがついてしまうので、できれば使い捨てがベスト。もったいない！　と感じる人は、肌と同じように、クレンジング剤を使って汚れを揉《も》み出し、ぬるま湯で洗い流してから、洗顔料で洗浄しましょう。洗い流した後は、キッチンペーパーを敷いたお皿の上に置いて陰干しすればキレイになります。

②ファンデーション

化粧下地の次に、ファンデーションを塗ります。ファンデーションを塗ることで肌がなめらかに見えたり、薄いシミやニキビ跡を隠せたり、肌色や肌のトーンを調整することができるわ。

ファンデーションは主に

♥リキッドタイプ
♥ウォータータイプ

♥コンパクトタイプ

の3種類があるけれど、レイコの**おすすめはリキッドファンデーション**。リキッドファンデーションとは、液状タイプのファンデーションのこと。自分の肌色やその日の体調に合わせてベストな肌色を自分で作り出せるのが最大の魅力です。とくに女装子の場合、女性用のファンデーションをそのまま使ってしまうと白すぎて、顔だけ浮いてしまうことが。それを防ぐには、2色以上のリキッドファンデーションを混ぜ合わせて、自分の肌色にぴったりなカラーを作るのがおすすめよ。

でも、「自分だけの肌色を作るなんて難しそう……」と感じる人は、単色使いでもOK。最も自分の肌色に合うカラーを選んでね。

一般的に、顔色に一番近いのは手首の内側の色といわれているわ。サンプルを手首につけて、最も近いと思った色をセレクトしましょう。

「この色で本当に良いのか不安」という人は、スーパーマーケットやドラッグストアにいる美容部員に率直に尋ねてみるのも手。

使用用途を聞かれることなんてほとんどないし、もし理由を聞かれたとしても、
「忘年会でセーラー服姿で踊ることになって……」
「学校の親子劇に出演することになって……」
など、それらしい理由を言えば大丈夫。レイコもよく聞かれるけど、みんな愛想良く目的に合ったものを探してくれるので心配無用よ。

リキッドファンデーションを使う場合は、人差し指の先くらいの量をスポンジに置き、おでこ、両頬、鼻、あごの5カ所につけます。ファンデーションは〝塗る〟というよりも、毛穴に入れるよう〝たたく〟感じで、ムラができないよう均一に伸ばしてね。

シミやニキビ跡が気になって、厚塗りしてしまう人がいるけれど、これをするとファンデーションにひびが入ってしまうのでNG。シミ隠しをしなくても良いよう、日ごろからスキンケアをして、肌の調子を整えておくことが大事よ。

ファンデーションは顔だけでなく、耳や首、チューブトップの服を着る際は鎖骨周りなど、見えるところはなるべく塗るようにしましょう。というのも、ファンデーションを塗ると、見た目の肌質が変わってしまいます。そのため、顔だけ

塗ると、そこだけ浮いて不自然になってしまうの。ナチュラルな美人を目指すためにも、手を抜かず、隅々まで塗りましょうね。

③フィニッシングパウダー
ファンデーションで肌をなめらかにしたら、最後はフィニッシングパウダーで化粧くずれやテカリを予防したり、毛穴やくすみを目立たせなくします。

フィニッシングパウダーは主に

♥プレストパウダー（固形）
♥ルースパウダー（粉状）

の2種類があり、両方ともパフを使います。

ルースパウダーは粉状のため舞いやすく、取り扱いが難しいので、**初心者にはプレストパウダーがおすすめ**。色はファンデーションと同じものを選べば自然な仕上がりになるわよ♪

プレストパウダーとルースパウダーの違い

プレストパウダー	ルースパウダー
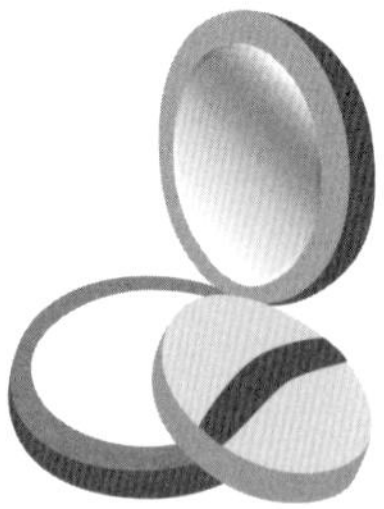	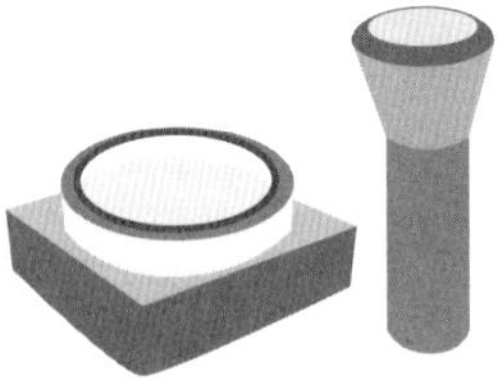
粉状を押し固めて出来た、固形のパウダー。通常、コンパクトに収納されており、専用のパフとセットで売られています	プラスチックの円形のケース（ベビーパウダーのような容器）に入っている粉状のパウダー。ソフトな仕上がりになります

フィニッシングパウダーは、優しくなでるようパフに取り、肌にのせる前に1回手の甲にトントンとして、余分な粉を払います。そして優しく顔にパフを押しつけていきます。パウダーは何回ものせてしまうとシワが目立ちやすくなるので、つけすぎには気をつけて！

プレストパウダーもルースパウダーも使用方法は基本的に同じだけど、ルースパウダーは飛び散りやすいので、使う際はタオル、もしくは化粧用ケープを肩にかけて、洋服に付かないよう注意しましょう。

♠ポイントメイク編

ベースメイクが終わったら、お待ちかねのポイントメイク！　ここでは、アイブロウ（眉墨）→アイメイク（アイシャドウ、マスカラなど）→リップ（口紅）→チーク（頬紅）の順番で紹介するわ。

♥アイブロウ

アイブロウとは眉のこと。どんなにキレイにお化粧をしても、眉毛がボサボサだったら品がないわよね。まずは、そんな眉毛の整え方を教えるわ。

①化粧ハサミと毛抜きで眉のベースを整えます。

②目元から目尻へ、アイブロウコーム（眉毛用の小さな櫛《くし》）を斜め45度に倒しながら、梳《す》きます。一見、ムダな作業に見えるけれど、これをすることで仕上がりが大きく変わってくるので、省略しないようにしましょう。

③パウダーアイブロウ（眉毛用のカラーパウダー）で大まかな形を決めます。パウダーアイブロウがない人は、ラメが入っていないブラウン系のアイシャドウでも代用できるわ。

アイブロウブラシ（ない人はアイシャドウ用のチップでも可）にパウダーアイブロウを少量取り、眉頭の方から自然に眉尻へと流していきます。1回で仕上げようとせず、何回も薄く塗り重ねるのがコツ。眉頭に多くパウダーが付きすぎてしまったら、清潔なアイシャドウチップか綿棒でぼかしましょう。

④アイブロウライナーの芯を2ミリほど繰り出し、眉山の少し手前から眉尻まで、手の力を抜いて自然に描いていきます。1本ずつ植毛するイメージで何度も何度も重ねて。

⑤先端が丸くなったアイブロウペンシルで、眉頭からアイブロウライナーで描いた部分までを自然になるように整えます。アイブロウペンシルがない人は、アイブロウライナーで代用しても良いけれど、すぐになくなってしまうのでちょっと不便かも。描くときはリラックスして、とにかく力を入れないように仕上げましょう。

⑥③を繰り返して全体を整え、最後に①を再度行なったら終了です。

眉毛の作り方

①眉の形を整えます

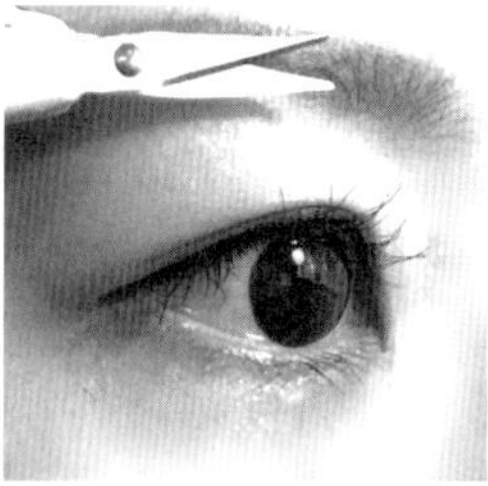

②アイブロウコームを斜め45度に傾けて眉を梳きます

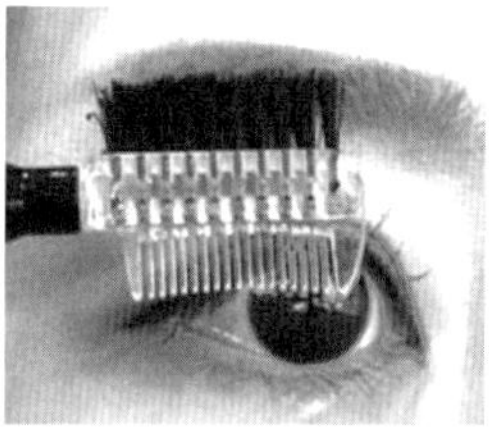

③パウダーアイブロウで大まかな形を決めます

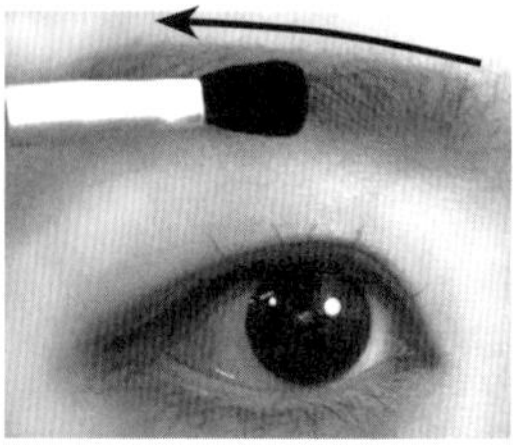

④眉山から眉尻にかけてアイブロウライナーで描きます。アイブロウペンシルで眉頭から眉山までを仕上げていきます

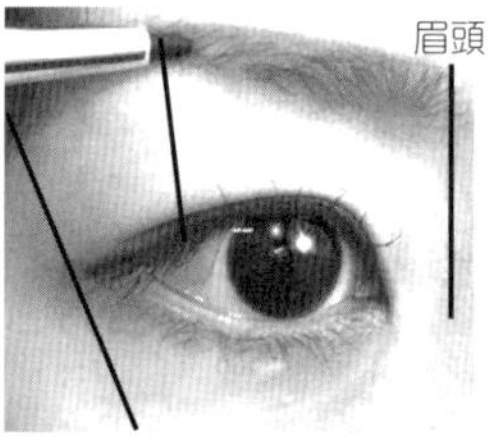

⑤3と1を繰り返し、完成です。左右同じように仕上げます

初心者におすすめの眉毛の色は、ダークブラウン、またはブラウン。ゴールドやコッパー（銅）といった明るい色を選んでしまうと、地毛が目立ってしまい、自然な仕上がりになりません。逆にブラックを選ぶと、日本人形のようになってしまうことも……。

慣れてきたらいろんな太さやカラーアイテムを揃えて、その日の気分やコスチュームに合わせてメイクを変えられるようになるともっと楽しめるわよ。

♥アイメイク

眉が完成したら、次はアイメイク。目は顔の印象を左右する重要な部分なので、上手に描《か》いて、憧れの顔を手に入れちゃいましょう！

まぶた&目の周辺

まずはアイシャドウやアイライナーを使って、まぶたや目の周辺にメイクを施していきます。アイシャドウはカラーバリエーションが多く、どの色を選べば良いか迷う人も多いはず。そんな初心者さん用に配色サンプルを用意しました。P65の表を参考に、自分の好きなカラーを選択してくださいね。

①太めのシャドウブラシでアイホールカラーを少量取り、アイホール（まぶた全体）を薄く色づけします。これは**瞳を立体的に見せるテクニック**。パーティーやイベントなど、華やかな格好をするとき以外は、つけているか分からない程度にするのがポイントよ。

②次に、アイシャドウを重ねます。アイシャドウチップにインナーシャドウ（色味の濃いほう）を少量取り、軽く指ではじいて余分な粉を落とし、目の際《きわ》に細くのせ、目全体の3分の2くらいのところまで、なだらかな山形（ブーメランのような形）に伸ばしていきます。

③アウターシャドウ（色味の薄いほう）を同じようにチップに取り、ブーメランのさらに上側につけ足していきます。ワイパーのようにチップを左右に動かすと

配色サンプル

	アイホールカラー	インナーシャドウ	アウターシャドウ	おすすめの時期
ピンク系	ペールオレンジ	オレンジ	ベビーピンク	春・昼間
ブルー系	ライトブルー	ブルー	ターコイズ or 薄黄緑	夏・夜間
ゴールド系	パールゴールド	ブラウン	ベージュ	秋・夜間

キレイにできるわ。慣れてきたら、目尻から瞳までの涙袋の部分にも色をのせましょう。

④シャドウブラシで全体をぼかし、グラデーションを作ります。

⑤最後にアイラインを引きます。アイライナーにも色々な種類があるけれど、初心者には液もれしにくく、太さの違いが出にくい、ペンタイプのリキッドアイライナーがおすすめ。

アイラインを引きたい側の目を半開きにし、アイライナーを持っていない手でまぶたを上に少し引っ張り、鏡を見ながら目元より3ミリ内側からゆっくり目尻に向かって引きます。目尻の部分を少しだけ上に上げると印象的な瞳になるので、ぜひ試してみてね。

まぶた＆目の周辺のメイクの仕方

①太めのシャドウブラシでアイホールカラーを少量取り、アイホールを薄く色付けします

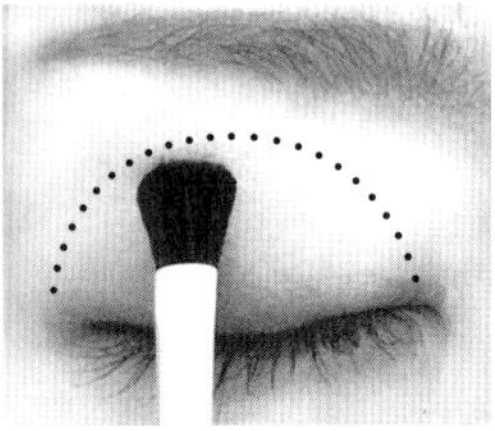

②インナーシャドウを少量取り目の際から３分の２くらいのところまで、なだらかな山形にのせます

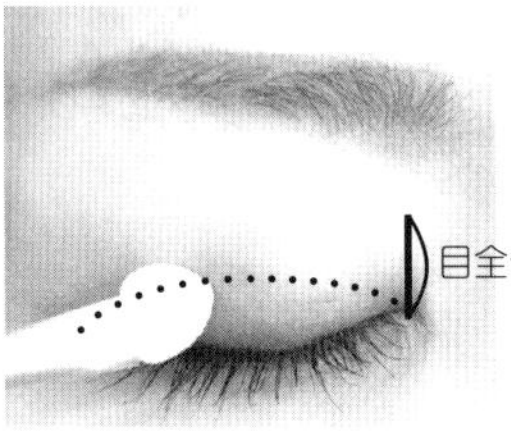

③アウターシャドウを同じようにチップに取り、ブーメランのさらに上側につけ足していきます

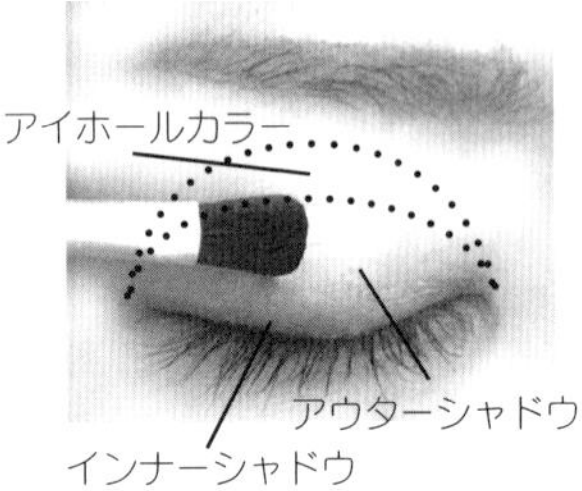

④シャドウブラシで全体をぼかし、グラデーションを作ります

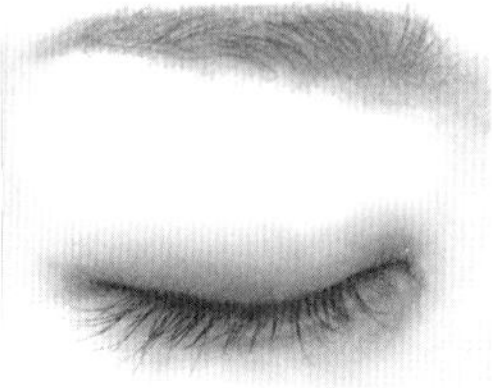

⑤アイラインを引きます。アイライナーを持っていない手でまぶたを上に少し引っ張り、目元より３ミリ内側からゆっくり目尻に向かって引きます

目尻ははねぎみに

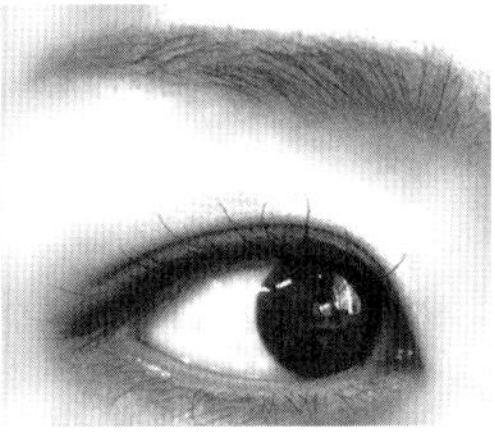

まつげ

まつげも女性らしさを象徴する部分。女性らしい長くカールしたまつげを手に入れるためにも、ビューラーやマスカラの使い方を覚えましょう。

①鏡を目線のやや下方向に置きます。

②カールするほうの目を半開きにして、まつげの根元を挟みます。１回目は根元を少し強めに、２回目以降は力を抜いて、少しずつまつげをカールさせます。ここでのポイントは、**１回で終わらせないこと**。１回だけだと仕上がりが不自然になってしまうので、通常なら４〜５回、まつげのボリュームが少ない人でも最低２回は行ないましょう。

③次にマスカラを使います。マスカラも種類が豊富だけれど、初心者にはあまり

繊維が入っていないウォータープルーフタイプがおすすめ。

まず、マスカラを取り出す際は容器のふちなどを使って、マスカラの量を調整しましょう。適量を取ったらカールしたまつげに沿って、下から上へとマスカラを塗っていきます。ここでも1回で済ませようとせず、何回も繰り返すことが大事。目の下に付いてしまったときは、綿棒でキレイに拭き取ってね。

④マスカラを縦にしてまつげの端の部分のボリュームをアップさせます。

⑤つけ終えたらうちわやミニ扇風機などを使って、まつげを乾燥させましょう。

まつげメイクの仕方

①鏡を目線のやや下方向に置きます

②カールする方の目を半開きにしてまつげの根元を挟みます

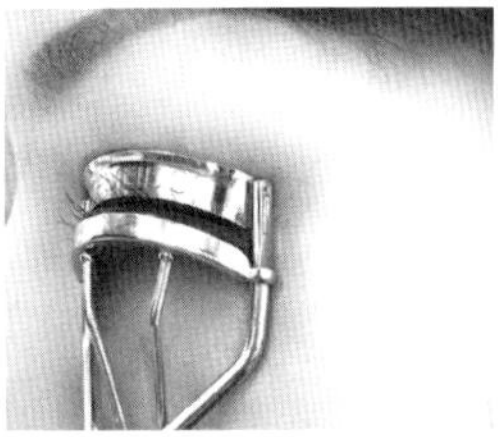

③カールしたまつげに沿って下から上へとマスカラを塗っていきます

④マスカラを縦にしてまつげの端の部分のボリュームをアップさせます。つけ終えたら、うちわやミニ扇風機などを使って乾燥させます

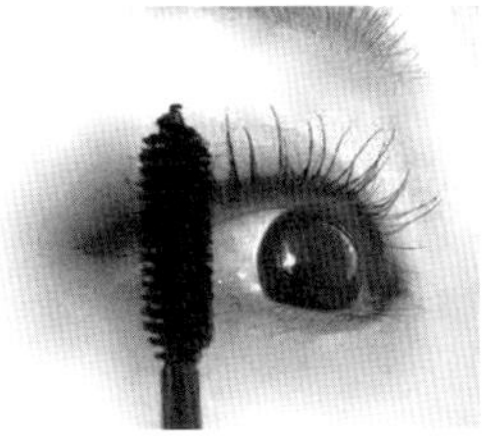

♥リップ

女性らしい艶のある、ぷるぷるの唇に憧れている女装子も多いはず。次はあなたのモテ度を確実にアップさせるリップメイクを教えるわ。

①ウェット綿棒で唇に付いたファンデーションやパウダーを拭き取ります。

②口紅を塗る前に、無色のリップクリームで下地を作ります。

③リップブラシを使って口紅を塗ります。複数のカラーを組み合わせる場合、まず濃いほうの色を唇の内側に、リップブラシに付いた汚れをティッシュで拭き取った後、薄いほうの色を外側に塗ります。パーティーなど夜間のイベントのときは、濃いほうの口紅の幅を広めに、外側もいつもより若干濃いめの色を選ぶようにしましょう。立体的、かつセクシーな唇に仕上がるわ。

④上唇と下唇を軽く合わせ、よくなじませたら、はみ出た部分を乾いた綿棒で拭

リップメイクの仕方

①まずウェット綿棒で唇に付いたファンデーションやパウダーを拭き取ります

②無色のリップクリームで下地を作ります

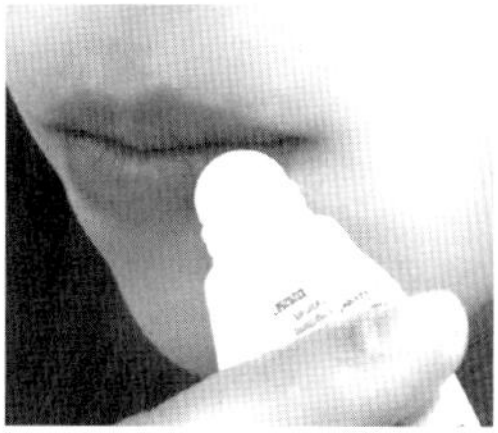

③リップブラシを使って口紅を塗ります

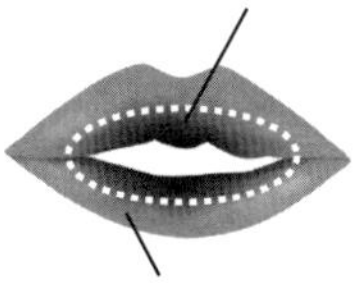

④上唇と下唇を軽く合わせ、はみ出た部分を乾いた綿棒で拭き取ります

⑤最後にリップブラシを使って、リップグロスを伸ばしていきます

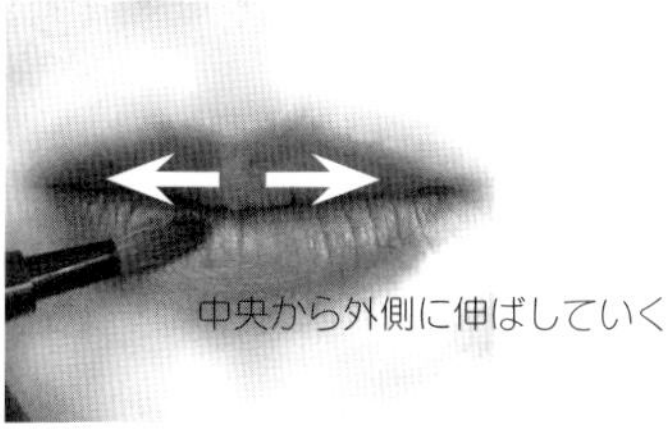

き取ります。

⑤最後に唇の中央部分にリップグロスを置き、リップブラシを使って左右に伸ばして艶感をアップさせましょう。

♥チーク

いよいよメイクも終盤戦。最後にお教えするのは、可愛さやセクシーさをアピールするのに欠かせないチーク。入れ方一つで、大人っぽさから無邪気さまで演出できので、しっかりマスターしてね。

①チークブラシに少量のチークを取り、親指の脇でさっと払い、余分な粉を落とします。カラーはピンク、オレンジ、ブラウンの3色が基本だけれど、**おすすめなのは肌に自然になじむピンク系**。チークは薄い色を何度も重ねるより、濃い色でサッとひと刷けしたほうがナチュラルに見えるわ。そのため、選ぶ際は若干濃いめの色を選ぶようにしましょう。

チークの入れ方

セクシーさや知的な印象を
与えたいとき

幼さや可愛さを
アピールしたいとき

耳の上のほうから口元に
向かって縦に入れる

頬骨から耳の下に
向かって横に入れる

②チークを入れます。セクシーさや知的な印象を与えたいときは、耳の上のほうから口元に向かって縦に、幼さや可愛さをアピールしたい場合は頬骨から耳の下に向かって横に入れましょう。また、昼間の外出の際は薄めに、パーティーなど夜間のイベントに参加するときは濃いめにするなど、シチュエーションに合わせて入れ方を変えられるとＧＯＯＤ！

◆自分でメイクなんてできないと思った人は……

ここまで、初心者でもできる基本的なメイクの仕方についてお伝えしてきたわ。でも、これを読んで逆に「メイクって何だかとっても大変そう」と思った人もいるんじゃないかしら？　そんなあなたにおすすめなのが、「**ナチュラルプリンセス**」。

ここは、ジェンダーフリー・完全予約制の貸し切り個人メイクレッスン&ビューティーリラクゼーション。〝戸籍上は男性〟の方のためのメイク教室として2004年10月に開講してから、現在は性別を問わず受講生を受け入れているの。レイコも長い間お世話になっているわ。

講師は超一流のメイクアップアーティスト。レッスン・エステともに完全マンツーマンかつ予約制なので、他の人と顔を合わせる心配もないわ。東京と大阪に教室があるので、興味のある方はenter@nachupuri.comまたは050-3638-1180（東京校）まで問い合わせてくださいね（プライバシー重視のため、実名、住所、本人性確認資料の提示は不要です）。

★ナチュラルプリンセス　ホームページ
http://www.nachupuri.com
★ナチュラルプリンセス　ブログ
http://ameblo.jp/nachupuri
★ナチュラルプリンセス　ツイッターアカウントは@nachupurimakeup
https://twitter.com/nachupurimakeup

♡化粧品はどこで購入するのが正解？

購入すべきアイテムが分かったところで、次に女装子たちの頭を悩ませるのが「どこで買うか？」じゃないかしら。一般的に化粧品は、

- ♥百貨店
- ♥（総合）スーパーマーケット
- ♥コンビニ、ドラッグストア
- ♥１００円ショップ
- ♥ネット通販

などで購入できるけれど、初心者に特におすすめなのがネット通販。

ネット通販の最大の利点は〝人に会わなくて済む〟こと。女性ばかりいる化粧品売り場に行くことなく、じっくり品定めができ、かつ値段も手頃なので、最初に思い浮かべる人も多いと思うわ。

ただし、ネット通販でも気をつけておきたいことが！　それは送付先が自宅の場合、**必ず自分が受け取れる時間帯に配達してもらうこと**。というのも、家族と一緒に住んでいる場合、自分が不在のときに家族が受け取ってしまったらアウト。

「なんで女性用化粧品なんて買っているの？」

と不審がられる恐れがあるわ。

とはいえ、平日は仕事で土日は家族がいるから自分が受け取るのは難しいという人もいるはず。そんな人におすすめなのが、私書箱。個人の場合、月額千円程度で借りられるところもあるわ。

また、オークションでは、試供品やアウトレットの高級化粧品が激安価格で販売されていることもあるから、時間があるときにＷＥＢサイトをのぞいてみるのも良いかも♪

ある程度メイク用品が揃ってきたら、自分に似合う化粧品が欲しくなるんじゃゃないかしら？　そんな人にはスーパーマーケットがおすすめ。

　Ｐ53でも書いたけれど、スーパーマーケットの一角には大抵美容部員がいるの。彼女たちは接客・メイクのプロなので、男性が化粧品売り場にいても不審がらないし、メイクの仕方や化粧品の選び方についても快く相談に乗ってくれるわ。

　反対に、ちょっとハードルが高いのが百貨店の化粧用品売り場。ブランドごとに美容部員はいるけれど、いかにも〝女の花園《はなぞの》〟といった感じでレイコはちょっと苦手……。それに百貨店の化粧品は基本的に値段も高めで、手が届かないことも。

　化粧品の値段はピンキリだけど、**日本メーカーの製品は、値段はリーズナブルでも安全性や発色性は問題ないことが多いわ**。対して、外国製は日本の安全基準を上回っていない製品もあるので注意が必要。

　でも、いく安価だからといって、１００円ショップはあまりおすすめできません。もちろん、すべてとはいわないけれど、質が悪いことが多いの。

　化粧品との相性は人によって違うので、「これなら絶対大丈夫！」と断言するのは難しいけれど、事前に安全性に問題がないかを確認してから、購入するようにしてくださいね。

♡大柄なあなたでもぴったりの服が買える方法

メイクと同様に、女装子の心を強く惹き付けるのがレースやフリル、花柄、水玉といった可愛らしい女性用の洋服。レイコもワンピースやスカートなどの一般的なものから、チャイナドレスやセーラー服、看護師の制服、キャビン・アテンダントの制服といったコスプレまで、さまざまな衣装にチャレンジしてきたわ。


「女の子の服を着たい」

「色々なコスプレを試してみたい」

という人たちのために、初心者向けから、豊富なバリエーションを揃える上級者向けのショップまで、女装子の希望がかなうお店を紹介します。

♠通販

まず初心者女装子におすすめなのは、人に会わなくても購入できる通販。女性向けの洋服を売っているショップは無数にあるけれど、通販の場合は**信頼できる歴史と実績のある業者を選ぶようにしましょう**。

「注文したのに、予定通り届かなかった」

という初歩的なトラブルを避けられるほか、サイズや寸法もしっかりしていることが多いわ。

通販で洋服を買う際のデメリットは、試着ができないこと。とくに身体の大きな女装子は自分にぴったりのサイズを見つけるのが大変！　お店によってはせっかくサイズを測って注文しても、思ったより腰回りが細かったとか、違うサイズ感の洋服が送られてくることもあるわ。

また、ネット通販の場合、買い物履歴から周囲に購入したことがバレてしまうこともあるので、履歴の削除は忘れないようにしましょう。

♠量販店

サイズや色、デザインなど、実物を自分の目で確かめたい人は、まずスーパーマーケットなどの量販店にトライしてみましょう。

周囲の目が気になる人もいると思うけれど、

「病気の家族の代わりに買いに来ているんだ！」

と自分に言い聞かせれば良いだけの話。

誰もわざわざ「**なぜ男のあなたが女性物の服を買っているんですか？**」**なんて聞いてこないから大丈夫！**

量販店を利用する際の注意点は、**近所のお店には行かないこと**。ばったり知人に会ったら気まずいので、少し遠くのお店を利用するようにしましょう。

♠バラエティーショップ

標準的な女性服はちょっと飽きてしまった、という人は、バラエティーショップなどでお気に入りのコスチュームを探してみるのも面白いわよ。ナースやメイドといった一般的なものだけでなく、最近は巫女やキャビン・アテンダントなど、マニアックな衣装も揃っていることが多いわ。コスプレ専門店に行けば、もっとクオリティーの高い衣装にも出合えるはず。冗談感覚で気楽に購入してみて。

コスプレ専門店でもハードルを感じるという人は、舞台などのステージ衣装を扱っているお店もおすすめ。女性を演じる役者のつもりで買い物してみてはいかが？

♠女装用品専門店

インターネットや新宿二丁目などには、女装用品専門店なるものもあります。こういったところにはコスプレ衣装はもちろん、胸パッド付のハイレグ競泳水着なるディープなものまであったりするわ（笑）。

といっても女装用品専門店に出入りするなんて、「私、女装子です」と宣言しているようなもの。ちょっと気恥ずかしい人は、女装用品の買い物代行を活用してみては？

「購入履歴を残したくない」

「自分の手で女性用の服を買うのは抵抗がある」

という人は、千円程度の手数料で利用できるところもあるので、ぜひ検討してみて。

♠海外で購入する

欧米を中心に、海外の女性は日本の女性より大柄なことが多いもの。そのため、女装子にぴったりな女性用の洋服や靴も見つけやすいわ。

レイコもアメリカやヨーロッパなど、海外旅行に行くときはその国の民族衣装など、自分に合った衣装がないかを常にチェック。お気に入りを見つけたときは、こっそり自由時間に再訪し、購入しているの。

身に着けるだけで新たな自分を発見できると同時に、楽しかった旅の思い出までよみがえってくるわ。

♠オーダーメイドであつらえる

自分のサイズが見つからない人は、オーダーメイドで洋服をあつらえてしまうのも手。女性用のスーツなど、サイズがぴったりでないと似合わないものを既製品で探すのは至難の業。それならイチから作ってしまったほうが手っ取り早いわ。

オーダーメイドの難点は、なんといっても価格帯の高さ。生地やデザインによって値段は変わってくるけれど、安くても5万、10万円近くすることがほとんど。

でも、世界で唯一、自分だけの衣装を着たときの、あの感動！　言葉では表せないわ。

経済的に余裕がある人や、既製服はほぼ試したという人は、チャレンジしてみる価値ありかも！

♡衣装の手入れ・管理の仕方

せっかく購入した衣装だけど、置いておくところがない！　という人も多いんじゃないかしら。そんな人のために、レイコおすすめの衣装の管理スペースを紹介するわ。

♠レンタルボックス

まだ荷物が少ない初心者は、レンタルボックスの利用がおすすめ。都内でも１〜２畳程度のスペースだったら月額１〜３万円前後、大きめの衣装ケースを月額３千円程度で貸してくれるところもあります。

基本的なメイク道具と下着、衣装、靴、ウィッグ、アクセサリー程度なら、これだけのスペースでも十分収納できます。

♠ロッカールーム（女装者向け）

ある程度衣装も揃ってきて、女装に慣れた人には女装者しか使えない専用のロッカールームがおすすめ。

24時間出入りOKなだけでなく、会員になれば、メイク道具、メイク落とし、洗濯機＆乾燥機、シャワーなどが利用できるし、有料でメイクレッスンが受けられるところもあるわ。価格も月額1万円程度と比較的リーズナブル♪

女装者向けロッカールームの近くには、女装サロンや女装バーなどが隣接していることも多いので、遊びに行くにも便利というメリットもあります。

♠貸倉庫

ロッカールームだけじゃ狭すぎる！　もっとたくさんの女装用品を収納したいという人は、貸倉庫を借りるのも手。

というのも、女装はハマればハマるほど奥深く、二重人格者じゃないけれど、もう一人の自分がいるような感じがしてくるの。そうなるとメイク道具や衣装だけでなく、時計やバッグ、財布、眼鏡など、女性物がどんどん欲しくなっちゃって、自宅とは別の「レイコのお部屋」が必要になってくるのよね。

ベテラン女装子のなかには、マンションやアパートの1室を借りている強者もいるわ。

だからといって、散財しすぎには注意！　女装ができなくなるだけならまだしも、家族や周囲の人に迷惑をかけるようなお金の使い方は厳禁よ。

♡裁縫上手で、女装子上級者に

女性用の洋服を購入したとしても、そのまま着られることはまれ。ほとんどの場合、自分に合うよう、ちょっとしたカスタマイズが必要です。その際、役立つのが**裁縫の技術**。

男性は女性より肩幅があるので、肩が入るサイズの洋服を購入する必要があるけれど、それだとウエストがブカブカ。余った部分を絞《しぼ》らなくちゃいけないわ。

また、女性用の洋服は華奢《きゃしゃ》なため、乱暴に扱うとすぐに布が破れたり、ボタンが取れたりしてしまうの。とくにシースルー（薄手の透け感のある生地で作られた服）は取り扱いに注意が必要よ。

とはいっても、「裁縫なんてやったことがない」という人も多いはず。

そんな人におすすめなのが、カルチャースクールや洋裁教室。レイコも自分のサイズに合わせたり、ボタンを補強したりする技術を身につけるために通ったわ。洋裁教室と聞くと、女性ばかりでは？　と不安になる人も多いと思うけれど、意外と男性の姿もちらほら。レイコが参加したクラスにも「自分で背広を作りたい！」という男性がいたわ。

1年間習ったおかげで、スカートやズボン、ワイシャツまで作れるように。ミシンも通常用と刺繍用2台を揃え、今では妻より裁縫上手♪　生地代や手間暇を考えたら、既製品を購入したほうがずっと安いけれど、気に入った衣装を長く着続けるためにも、裁縫の技術を習得しておくことに損はないはずよ。

♡初めての女性向け下着。どうやって購入する？

メイクや洋服とともに、根強い人気を誇るのが女性向けのランジェリー（下着）。フリルの付いた可愛いショーツやレース模様のブラジャーを着けてみたいという人も多いと思うわ。

けれども、女性用下着は洋服以上に購入のハードルが高いもの。初めて女性用下着を購入する女装子のために、女性用下着の基礎知識や購入の仕方をお伝えします。

♠ブラジャー

ブラジャーを購入する際は、まず自分のバストを測りましょう。ブラジャーは洋服と違って、どのメーカーもサイズは一緒。そのため、一回測ったら、どのシヨップでも同じサイズでオーダーできるわ。

ブラジャーのサイズを測るとき、女性はトップ（胸の一番膨らんでいる部分）とアンダー（胸の下側の膨らんでいない部分）を調べる必要があるけれど、男性の胸は膨らんでいないため、アンダーだけでＯＫ。カップは好きなサイズを選んで良いけれど、大きすぎるといかにも作り物という感じがするので、せいぜいＣカップぐらいにしておきましょう。

ブラジャーは主に

♥フルカップ：バスト全体を包み込むタイプ
♥３／４カップ：カップの上部１／４をカットしたタイプ
♥１／２（ハーフ）カップ：カップの上半分を水平にカットしたタイプ

の３つに分けられます。フルカップは動きにくいのが難点だけれど、パッドを入れると触った感じが一番本物に近いのが特徴。対してハーフカップは動きやすいけれど、動いているうちにパットがずり上がってしまう難点も……。

パッドにもジェルタイプやスポンジタイプなど、色々な種類があるわ。本格的な触り心地を求める人は、ジェルタイプがおすすめ。けれども、動きにくかったり、ハーフカップの場合はパッドがすとんと落ちてしまうこともあるので、レイコはスポンジタイプを愛用しています。

そのほかにもヌーブラなど、接着タイプのブラジャーも便利よ。

♠ショーツ

ブラジャーとセットで購入したいのがショーツ。ただし、女性と違って、男性のおしりは筋肉で引き締まっていて丸みや柔らかさがないのが難点。

そんな女装子たちの悩みを解決してくれるのが、おしりパッド入りのショーツ。これを穿《は》けば、より素敵な女性らしいボディラインになるだけでなく、おしりを引き上げることで、足を長く見せる効果も生まれるわ。美しくなりたい女装子なら、ぜひ手に入れておきたいアイテムの一つよ。インターネット通販やディスカウントショップなどで購入できるので、ぜひチェックしてみて。

♠ウエストニッパー、ボディースーツ

可愛い洋服を着たいけれど、お腹のでっぱりが気になる、という人におすすめなのが、ウエストニッパーやボディースーツ。

ウエストニッパーとは、簡単にくびれを作ることができる補正用下着。ブラジャーやガードル部分があるだけで、ボディースーツも同様の役割を果たすわ。キレイなボディラインを作ってくれるウエストニッパーだけれど、難点はお腹周りをぎゅっと締めるため、ちょっと苦しいこと。

でも、パーティーのときにしていれば満腹になるまで食べずに済んで、ダイエットにもなるから一石二鳥かも？！

主な女性下着

ブラジャー

フルカップ

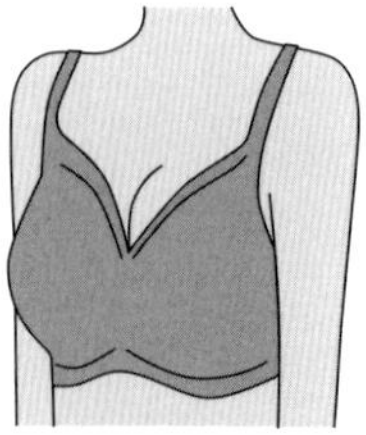

バスと全体を包み込むタイプ。パッドが安定するため、ジェルパッドなどの重めのパッドも利用できます

3／4カップ

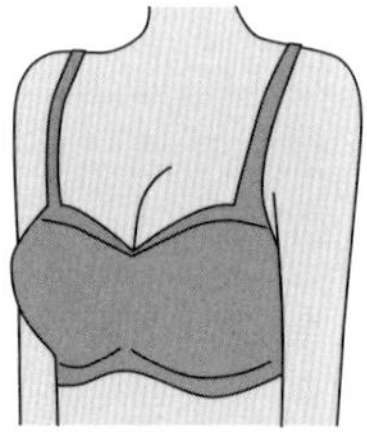

カップの上側1／4を斜めにカットしたタイプ。ワイヤーやパッド入りが多いです

1／2(ハーフ)カップ

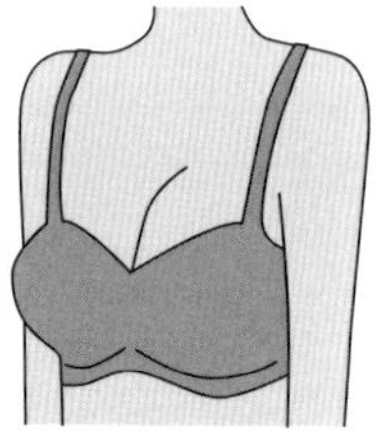

カップの上側1／2を水平にカットしたタイプ。ストラップを取り外せるので、チューブトップなどを着るときに重宝します

おしりパッド入りショーツ

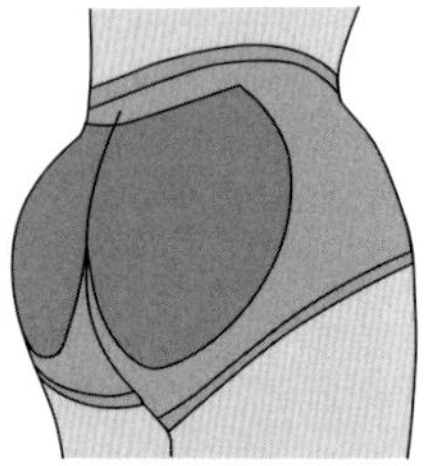

おしり部分に膨らみを持たせるため、パッドを挿入したショーツ。ヒップの位置を高くすることで、脚長効果も期待できます

ウエストニッパー

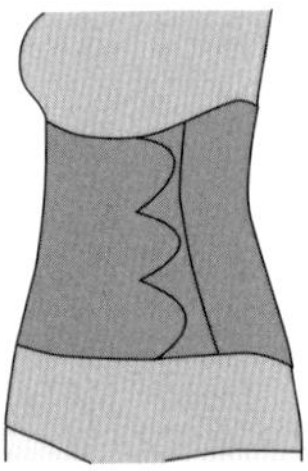

腰回りのボディラインを美しく見せるための女性用補正下着。これがあれば簡単にくびれを作れます

ボディースーツ

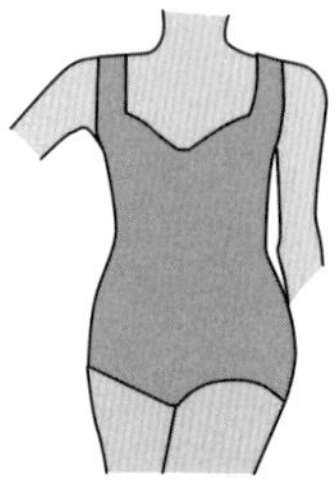

ブラジャー、ウエストニッパー、太もも部分を除いたガードルが一体となった女性用補正下着。数は少ないですが、男性用もあります

♡自分に似合うウィッグの選び方

メイク、洋服の次にトライしてみたいのが、ウィッグ。ショートカットの女性もいるので無理にかぶる必要はないけれど、女性らしい髪型にチャレンジするならぜひ揃えておきたいもの。

ウィッグも百貨店やインターネット通販など、さまざまな場所で購入できるけれど、レイコは実店舗派。通販は安価だけれど、イメージと違った物が送られてくる心配があるので、やっぱり現物を見て試着して買うのが一番です。

百貨店にもウィッグ専門店が入っていることがあるけれど、そういうところは総じて値段が高い！　中には数十万円する品物も。

レイコも1回高級ウィッグを買ってみたけれど、そこまで大きな違いは感じられなかったわ。あと、人工毛より人毛のほうが良いのでは？　と考える人もいるけれど、これも品質にはさほど違いはなく、かつ人毛のほうが手入れは面倒なので、人工毛で十分とレイコは思っています。

ウィッグを買うときに気をつけることは、自分に似合うものを選ぶこと。頭が入ることはもちろん（ウィッグはゴムで調整できるのでほとんど大丈夫だけど）、自分の顔や服装に似合うかどうか。そこが一番重要です。

女性らしさや可愛さを演出したい人は、前髪のあるウィッグがおすすめ。また、ドライヤーで乾かしたい人は、耐熱用ウィッグかどうかもチェックしておきましょう。

購入したウィッグは、髪の毛が絡まないよう、専門のネットを使うか、購入したときにもらえる箱ごと保管します。キレイに丸めないと、髪の毛に変なクセが付いてしまうので要注意。

ウィッグの寿命は大体2年ぐらい。使っていると段々汚れてくるので、半年に1回は本物の髪の毛のように洗髪が必要です。洗うときは、一般的な洗濯用の中性洗剤を使えばＯＫよ。

♡ひげ、すね毛はどうすればいい？

メイク道具や洋服、下着を揃えて、いざ変身！　となったときに気になるのが、ひげやすね毛といった〝体毛の処理〟。

ひげなどの荒々しく太い体毛は、立派な男性の証拠なので、女装子の間はできる限り見えないようにしておきたいもの。ここでは、体毛のお手入れ方法についてお伝えします。

♠ひげ

女装子になるためにまず注意しておきたいのが、ひげ。顔にあるひげは、体毛の中で最も目立つもの。せっかくキレイに女装しても、ひげがうっすら生えているだけで、男の印象が強まるわ。

「ひげが生えてきているよ！」

と指摘されないためにも、**ひげはメイクする直前に剃るようにしましょう。**遠くへ外出するときはもちろん、近所でも、そしてたとえ自宅でいったん剃ったとしても、移動先の車の中などでまた必ず剃るようにしてください。

レイコは**女装は1回6時間までしか保てない**と考えています。メイクがくずれるのもそうですが、最大の要因はひげが伸びてくるから。

ひげ剃りが面倒な人は、ひげ脱毛に通うのもおすすめ。女装者でなくても、最近は人相が悪いと悩んでいる人や、単純にひげ剃りが面倒という理由で行く人もたくさんいるので、ハードルはさほど高くないはずよ。

♠すね毛

女装子にとって、次に悩む体毛がすね毛。

カミソリや電気シェーバーで剃ったらすぐ伸びてしまうし、毛の断面が黒々と残って汚いわ。また、人によっては、肌がカミソリ負けしてしまい、赤く腫れてしまったり、かゆくなったりしてしまうことも。

そんな人におすすめなのが、毛を溶かして除毛する、除毛（脱毛）クリームやローション、ワックス。保湿成分が含まれているので、肌荒れを起こすことはほとんどありません。

ほかにも、一般的な脱毛方法としては、除毛テープや毛抜き、レーザー脱毛などがあるけれど、どれも痛みがあったり、時間がかかったりして一長一短。

レイコ的に、週末女装子は、家族や職場の人と温泉に行くなど、裸や生足を見られる機会があるかもしれないので、衣類から露出しているところだけ処理することをおすすめします。

どうしても気になるという方は、色の濃いタイツや厚めのストッキングなどを着用してごまかしてみるのも良いかも！

♡初めてのパーティーで心得ておくべきこと

メイクをして、女性用の洋服と下着を身に着け、ウィッグをかぶり、見た目は完璧な女装子になったら、飲み会やパーティーに参加してみましょう。

本書では、どんなに外見が美しかったとしても、社会とのつながりがない人は女装子と認めていません。家の中でこっそり女性用品を身に着けて楽しむのも良いけれど、せっかく努力して美しいルックスを手に入れたなら、お披露目したいもの。外見も心も美しい女装子なら、お店の人気者になれること間違いなし！変な目で見られるんじゃないかしら？　と心配しがちだけど、意外にも前向きに受け入れてくれる人は多いから、安心してね。

でも、実際女装者というだけで偏見を持つ人もいるし、思わぬトラブルに巻き込まれることもあります。そのため、女装子としてパーティーに出席するときは、次のことを守るようにしましょう。

まず、女装子としての清潔感を保つこと。具体的には歯をキレイに磨いている、爪の手入れがされている、髪の毛にフケが付いていないなどです。

当たり前のことだけど、意外とこういった基本ができていない人が多いもの。どんなにキレイな女の子でも、電車の中で大股を開いていたり、汚い言葉遣いで話していたりしたら、興ざめしてしまうわよね。女装子も同じ。女装子でいる間は、男性としてだけでなく、女性としての礼節も保つようにしましょう。

また、笑顔を絶やさないことも大事。女装子の中には、毒舌やツンデレキャラの人もいるけれど、やっぱり人は笑顔が魅力的な人に惹かれるもの。感情表現が苦手な人でも、できるだけ口角を上げてほほえむことを意識して。

最後に、周囲がうらやむほど美しい女装子に変身したとしても、周囲への気配りは常に忘れずに。一般社会と同じで、たとえ美人であっても、ツンとした態度や奢《おご》ってもらって当然！　という雰囲気の女装子は嫌われてしまいます。

女性と同じく、女装子はキレイになればなるほど、

「素敵ですね」

「可愛いね」

という褒め言葉を受けることが増えてきます。元は男性というギャップがあるので、その機会は女性よりも多いかも。そのように接してもらったときも、「ありがとうございます」と謙虚な姿勢でお礼を言うことが大切よ。

♡女装子の仕草・歩き方

女装子として飲み会やパーティーに参加するときは、できる限り仕草や歩き方なども女性に近づけたいもの。ここではレイコが実践している、モテ度が上がる可愛らしい仕草や歩き方を伝授するわ。

♠髪を時々かきあげる

女性らしいロングヘアを手に入れたら、ぜひやってもらいたいのが、髪の毛をかきあげる仕草。女性が髪をかきあげたとき、ちらっと見える耳元やうなじに胸がドキッとしたことがある人も多いんじゃないかしら？

長い髪の毛は女性らしさの象徴。気になる異性にアピールしたいときなど、ぜひやってみて。

♠足を揃えて座る

電車の中で大股開きの女性を見て「下品だな」と思った経験はない？　女装子も一緒。同じことをしたら、「品のない女装子だなぁ」とドン引きされてしまうわよ。とくにお酒も入り、テンションが上がってくると、つい膝を揃えることを忘れがち。慣れないうちは窮屈かもしれないけれど、レディとして振る舞うためにもぜひマスターしておきたい仕草よ。

♠手を膝の上にのせて座る

淑やかな女性らしさを演出するには、手をそっと膝の上に重ねるのも効果的。テーブルがない場合、つい体の後ろ側に手をついてしまいがちだけれど、のけぞるような姿勢は身体を大きく見せてしまうわ。ただでさえ通常の女性より身体が大きい女装子だからこそ、少しでも上品に見えるよう気を使いましょう。

♠立つときは足を前後にずらす

立つときは、足をちょっと前後にずらしてみて。足を揃えて起立したときよりも、奥行きが出て足がスラッと長く、スタイル抜群に見えるわよ。

♠腰から上は真っ直ぐに

腰から上は常に直立をイメージしましょう。猫背や反り腰だと見た目も悪いし、骨格もゆがんでしまうわ。歩いているときや立っているときだけでなく、食事中など、座っているときも、忘れずに上半身に意識を向けましょう。

♠手は身体に密着させる

女性らしさを表現するのに、重要なのが手。女性は顔周りや自分の身体に手を近づける傾向があります。例えば、両手をグーの形にして顔周りに近づけるぶりっこポーズは、女性特有の仕草。ほかにも、女性は胸元で両手を組んだり、笑うときに口元やお腹のあたりに手を当てたりするなど、よく手を自分の身体に密着させます。

♠歩くときは線上を渡るイメージで

歩くときは、平均台を渡るように、一本の線の上を歩くことをイメージして。それだけで上半身がフラフラせず、ランウェイを歩くモデルさんみたいになるわ。腰から上は常に直立を意識して、颯爽《さっそう》と歩くことを心がけましょう。

♠歩幅は小さめに

男性はつい大股で歩いてしまうけれど、女性の歩幅は小さめ。肩幅ぐらいが目安といわれているわ。

急いでいると大きな歩幅で歩きがちなので、女性らしく歩くためにも、スケジュールには余裕を持たせるようにしましょう。

♠グラスは指3本で軽く持つ

5本すべての指を使ってわしづかみするのは男性の所作。親指、中指、薬指の

3本を使ってグラスを持つと、一気に女性らしいエレガントな気品が漂います。

♠私はか弱い女性とイメージする

テクニックを実践するのも大切だけれど、同じく重要なのが、イメージトレーニング。日ごろは男らしさを強調している人も、女装子でいる間は「私はか弱い女性」と思い込んでみて。想像を膨らませることで、「ちょっと恥ずかしい」と思っていた仕草もスムーズにできるようになるわよ。

♡女装子仲間に出会う方法

自分の女装に自信が持てるようになったら、女装子仲間に会いたいと思う人もいるはず。

では、女装子友達をつくるにはどうすれば良いのか？　女装子仲間の作り方についてお伝えするわ。

♠女装サロン、女装バーなどに行く

女装子仲間を見つけたい人にまずおすすめしたいのが、「女装子である」または「女装子に会いたい」人たちが集まる女装サロンや女装バー。店内に必ず女装子がいるのはもちろん、女装子以外の人たちもみんな女装者に対して理解があるので安心よ。

女装者限定のボウリング大会やカラオケ大会、小旅行などを企画する店もあり、比較的簡単に女装子仲間を作ることができるわ。

♠女装者に理解のあるお店に行く

女装サロン、女装バーなどの「女装」という名前が付いていない、普通のバー・飲食店でも訪問できるお店はあります。こういったところで気をつけるべきことは、**すべてのお客さんが必ずしも女装子を受け入れてくれるとは限らないこと**。女装子の中には、お酒を飲んで、ついテンションが上がってしまい、品性に欠ける言動をする人もいます。

女装子というとどうしても「性的」なイメージがあり、下ネタやわいせつな発言をしてしまう人もいるけれど、一般客の中にはそういった言動を不快に思う人もいるわ。

キレイな女装子は、見た目も美しく、場の主役になることも多いけれど、だからといって調子に乗るのは禁物！　すべてのお客さんが楽しい時間を過ごせるよう、社会人としての礼儀と節度を持って接するようにしましょう。

◆レイコ行きつけの女装ＯＫのお店

ワインバー　ガリバルディ
根津駅近く、日本ワインを専門とするワインバー。店主の清水淑子ママは元ＡＮＡ国際線でファーストクラスを担当していたキャビン・アテンダント。美人で優しいママの笑顔と美味しい料理が人気♪
◇住所：東京都文京区根津2-12-13　1F
◇営業時間：月～木曜　18時30分～翌1時
　金、土曜　19時～翌1時
◇定休日：日曜日、第2・3月曜日
◇ＴＥＬ：０３－５６８５－９３３５
◇ホームページ：https://www.facebook.com/WineBarGaribarudi

ＢＡＲ　天井桟敷の人々
根津神社入り口にある老舗バー。通称『てんさじ』。フランス映画に登場するような酒場で、ウィスキーや、さまざまなお酒が楽しめます。店内は落ち着いたレトロ

な空間。明るく素敵な店長とチーママ、東京藝大生のスタッフがもてなしてくれます。
◇住所：東京都文京区根津1-23-9 プレジデントハイツ根津 2F
◇営業時間：火〜土曜　19時〜24時（ラストオーダー、23時30分）
◇定休日：日曜日、月曜日、祝日（お盆・年末年始）
◇TEL：03-3822-8638
◇ホームページ：http://tensaji0701.wixsite.com/tensaji

BAR Hidamari（バーヒダマリ）

根津観音通りにあるバー。ジョージママは、いつも美しいドレス姿で出迎えてくれます。特に凄いのは、まるで宝塚の男役のようなママの男装姿！　現役女装ダンサーでもあるママは、レイコに多くの事を教えてくれる貴重な女装の先生。店の内装はすべて手作りで趣があり、女性にも人気のお店です。
◇住所：東京都文京区根津2-25-7
◇営業時間：火〜日曜　20時30分〜翌2時
◇定休日：月曜日、第1・3・5水曜日
◇TEL：03-3822-0554

♡女装子同士のコミュニケーションで気をつけること

「女の世界」「男社会」なんていう言葉を聞くと、その界隈《かいわい》独特のしきたりや風習があるんじゃないか、と思う人もいるでしょう。女装子の間でも同じ。基本的には社会人として最低限のマナーを守ればいいけれど、女装子の間だからこそ、気をつけなくてはならないこともあります。

まず、大半の女装子は自分が女装子であることを隠しています。そのため、住所や家族構成など、相手が「聞かれたくないな」と思っていそうなことを問いただすのはやめましょう。レイコもそうだけど、女装子の中には、本名とは別の「女性名」を持っている人も多くいます。そういった人たちに本名を尋ねるのはNG。個人情報を詮索《せんさく》しないことは女装子界の鉄則です。

また、女装子というだけで性的な印象を与えてしまいがち。そのせいか、エッチなことをしようと言い寄ってくる男性もいます。女装子としての恋人が欲しい人や、一夜限りの関係に憧れがある人は良いかもしれませんが、それ以外の人は、はっきり「ＮＯ」と告げましょう。もちろん、あなたの方から嫌がる相手に行為を押しつけるのも厳禁です。

また、女装子の中には、恋愛対象が女性の人もいれば、男性の人もいます。このようなナイーブな問題は、相手を大きく傷付けることもあるので、発言には注意しましょう。例えば「ホモ」や「レズ」といった言葉も、言った本人は気にしていなくても、相手は蔑称として受け取り、人間関係がこじれることもあります。

「女装子だから○○なはず」
「女装子にはこういうことを言ってもいい」
など、勝手な先入観を抱くことなく、相手に対して思いやりを持って接するようにしましょう。

～上級者向け～
♡ＳＮＳを使って人気者になる方法

メイクや洋服の力を使って女装子に変身できるようになったら、上手に写真に撮ってＳＮＳにアップロードし、１つでも多くの「いいね！」を獲得したいもの。では、どうやったらよりセクシーで美しい女装子に見られるか？　レイコ流！写真うつりが良くなる方法をお教えします。

♥肩幅を隠す

写真を撮ってもらうときは、真正面は避け、斜めから撮影してもらうようにしましょう。肩幅が大きい女装子は、がたいの良さが目立ちがち。斜めにポージングすることで、肩幅を隠せるだけでなく、細見え効果も期待できます。

♥身体や顔を傾ける

写真やプリクラを撮るとき、小首をかしげている女の子っているわよね。ぶりっこのイメージがあるかもしれないけど、これをするだけで、か弱く、可愛く見えちゃうの。普段は否定的な人も、ぜひトライしてみて。

♥腕や手を隠す

腕や手も性差が目立つ箇所。長袖を着る、手袋をする、手を後ろに回すなどの方法で隠していきましょう。

♥逆光で撮影する

逆光というと、上手に撮影できないイメージがあるかもしれないけれど、それは間違い。光が被写体に当たることで、キラキラ＆ほんわかとした淡い印象の写真を残すことができます。男らしさを減少させたい人は試してみて♪

♥足元から撮影する

ポートレートを撮影するとき、上から撮ると顔が大きくデフォルメチックに。反対に、足元から撮ると小顔でスレンダーな印象になると言われています。元々顔が大きい傾向にある女装子は言わずもがな、足元から撮影してもらいましょう。

撮影テクニックを紹介してきたけれど、写真写りも**練習あるのみ！** 鏡の前で色々なポーズを取って、一番可愛く見える角度・仕草などを研究しましょう。

また、１シーンで複数枚の写真を撮るのもおすすめ。

最初から「良い感じ！」と思っても、拡大したり、プリントアウトすると、意外な欠点が見つかることも。デジタルカメラなら、枚数ほぼ無制限なので、時間が許す限りたくさん撮影しちゃいましょう。

上手に撮れた写真は、ＴｗｉｔｔｅｒやＦａｃｅｂｏｏｋ、Ｉｎｓｔａｇｒａｍ、ブログなどのＳＮＳにアップロードしてみてはいかが？「いいね！」がもらえると、テンションが上がるわよ♪

公開するときは**本名がバレないよう、女装子用の名前を使うことを忘れずに**。

また、写真だけでなく、自分が得意なこと、情熱を持っていること、役に立つこと、考えていることなども一緒に書いて、より多くの「いいね！」をゲット！

人気者女装子を目指しましょう。

～上級者向け～
♡夏になったらビキニを着て海に行こう！

メイクをしてコスプレを楽しんで、仲の良い女装仲間が増えてきたら、次のステップに進んでみましょう。

まずチャレンジしてもらいたいのが、ビキニ姿で海に行くこと。赤や白のセクシーなビキニをまとって波打ち際を歩く自分の姿を想像するだけで、ワクワクしない？

レイコも女装子姿で、何度も海水浴やバーベキューなどの夏のイベントを楽しんできました。

人前で水着姿になるなんて恥ずかしい！　という人は、まずは誰もいない砂浜でトライしてみましょう。

ビキニはブラジャーの肩ひもやショーツのサイドストリング（横ひも）などで調節できるので、意外と身体にフィットするの。ヌーブラ（接着型のシリコン素材のブラジャー）で胸を盛り、アンダーショーツで下をおさえ、キレイな水着のラインをつくればＯＫ。下半身が気になる人は、パレオ（水着用の身体に巻き付ける布）を巻いたり、肩幅が気になる人はシャツを羽織ったりしてもいいわ。

女装子姿で砂浜を駆けたり、貝殻を拾ったりしたら、もう気分はグラビアモデル！　今まで経験したことのない、ひと夏の思い出をぜひ作ってみてね。

～上級者向け～
♡混浴風呂に入るには

海だけでは物足りない！　という人は、混浴風呂にチャレンジするのはいかが？　きっと今まで経験したことのないスリルやドキドキを味わえるはずよ。

混浴風呂とはいえ、女装子として入るなら、メイクはバッチリ決めるのが鉄則！　たとえバスタイムでも気を抜くことは許されないわ。

フルメイクで仕上げたら、ヌーブラで胸を作り、バスタオルを巻いていざ混浴風呂へ。お湯に身体を沈めると身も心も癒されて、リフレッシュできること間違いなしよ。

第3章

女装子の鉄則5カ条

♡あくまでも趣味！女装子としての節度を持って

ここまで〝女装子になるにはどうすればいいか〟に焦点を当ててお伝えしてきました。女装子の世界に入るハードルは高いけれど、いったん勇気を出してしまえば、その魅力に取り憑《つ》かれ、夢中になる人も多いわ。けれどもハマりすぎると、身を滅ぼす危険性もあります。そのため、女装子は「あくまで趣味」であることを認識して、他者に迷惑をかけないよう、節度を持って行動しましょう。

具体的には、

♥お金を掛けすぎない
♥ハメを外しすぎない
♥仕事をおろそかにしない

ことです。

まず率直にいって、女装子はお金のかかる趣味です。メイク道具、衣装、靴、アクセサリー、バッグ、下着、レンタルボックス、パーティー参加費用、交通費など、ハマればハマるほど出費が増えていきます。

お金を掛けるほどキレイな女装子になるのは分かるけれど、だからといって収入に見合わない散財をしたり、借金をしたりしたら、いずれ破産します。借金取りに追いかけられるような事態になったら、身内に女装癖がバレるだけでなく、迷惑までかけてしまいます。家庭生活など、日常にも影響を及ぼすでしょう。そうならないためにも、女装子に掛けられる費用は初めに決めておき、予算内で楽しむのが女装子を長続きさせるためのコツです。

また、ハメを外しすぎないことも大事。家族に内緒で女装子を続けるには、信用される人間になる必要があるわ。信頼されるには、日ごろから「約束を守る」「非常識なことはしない」など、社会のルールに則って行動することが大切です。

例えば、「24時には帰る」と言って、朝まで帰ってこない人をあなたは信用できますか？

お酒を飲み過ぎて酔っ払ってしまい、午前様を繰り返していたら、家族から何かしらの疑惑を掛けられるのは時間の問題。家族離散の憂き目に遭う可能性だってあります。

また、連日、飲み会やパーティー続きで寝不足になり、本業をおろそかにするのもNG。女装子を楽しむにはお金が不可欠。女装が本業の人は別だけど、それ以外の人は大抵何かしらの仕事を持っているはず。遊んでばかりで仕事に悪影響を及ぼすようになったら周囲に迷惑をかけてしまい、度が過ぎると職を失う可能性も出てきます。そうならないためにも、翌日が出勤のときは、仕事に支障が出ないよう早めに帰宅し、万全の体調で出社するようにしましょう。

♡女装子であり続けるには、タイムマネジメントが大事！

第1章の「レイコの1日」を思い出して。定時退社したわりには、ずいぶん時間に余裕のないスケジュールだと思わなかった？　女装の趣味はお金だけでなく、メイクや着替えなど、とにかく時間がかかります。しかもどんなに丁寧にメイクしても、ひげなどの関係で最大6時間しかもたないから実際はシンデレラ以上にハード！

せっかく1時間半もかけて変身したのだから、1秒でも長く楽しみたいという気持ちは分かるけれど、パーティー終了後もメイクを落として下着まで着替え、シャワーを浴びるとなると短くても30分はかかるわ。そのうえ、家族にバレないよう約束時間までに帰宅するとなると、一刻の猶予もないはず。

周囲に迷惑をかけないためにも、女装子に変身するときは、スケジュールに余裕を持たせましょう。

時間を守ることは、女装以外の社会生活においてもとっても大切なこと。その中でも、女装子は「女装の趣味を楽しむには時間がかかる」、「女装という趣味を続けるには周囲との信頼関係が大事」という2つの面で、タイムマネジメントがより重要となってきます。

ハイヒールのヒール部分が折れたり、服が破けたりするなど、女装子を楽しんでいる間にどんなトラブルが発生するか分かりません。時間に余裕がないと、万が一のトラブルが発生したとき、冷静に対処できなくなってしまいます。

♡犯罪者にならないために、女装子が絶対にしてはいけないこと

女装子にハマることで、公共の場所での露出や変態行為など、法律に触れてしまう人もいます。言わずもがな、これもＮＧ。もし犯罪者になってしまったら、女装の趣味がバレるどころか、家族や職場、世間にまで迷惑をかけてしまいます。

このような事態に発展させないためにも、ロッカールームや更衣室など、許容された場所以外での着替えやメイクはしないことが大切です。

女装子の状態であっても、トイレは男性用か多目的トイレを使いましょう。パッと見は男性に見えなくても、女性トイレに男性がいることが発覚したら、大混乱になります。

また、海外旅行のときも、空港で女装子姿でいると、税関で「パスポートの写真と違う?」とトラブルになりかねないわ。そのうえ海外には、女装を禁止して

いる国もあるので、旅行の際はよく調べてから渡航するようにしましょう。

また、犯罪にならなくても、他者に不快感を与える言動は慎みましょう。最近はテレビタレントなどの影響もあり、女装に寛容な人も増えてきているけれど、まだまだ反感を持つ人はいます。そのような人の前で、女装姿をさらすことはもちろん、たとえ冗談であっても、性的な冗談やセクシーなポーズは控えましょう。相手に嫌な思いをさせて得することは何一つありません。女装子のイメージをアップさせるためにも、みんなから好かれる、明るく、楽しい女装子を目指しましょう。

♡美しくない女装子は、ただの見苦しいオカマ

女装子である限り、美しい姿でいなくてはならない、とレイコは思っています。たとえ女装に寛容であったとしても、メイクもしていない、髪の毛も整えていない、ムダ毛も処理していない女装子は、まず人として受け入れがたいです。レイコもまだ途中だけれど、どこに出ても恥ずかしくないよう、現在も美を追求中！

なかには美しい女装子を目指すあまり、ホルモン剤などの薬剤に手を出してしまう人もいます。薬剤や整形の利用は個人の自由のため、とやかくは言えませんが、いつまでも健康的で若々しい魅力を保つうえでは、あまり使わないほうがいいとレイコは感じています。というのも、ホルモン剤を使って膨らませた胸にしこりができたり、整形して目が腫れぼったくなったりするなど、副作用も色々と耳にするからです。

美しい姿を保ち続けるには、身体の芯から健康でなくてはなりません。そのためには、毎日栄養バランスの取れた食事をとる、十分な睡眠時間を取る、適度な運動をすることなどが大切です。

身体が健康だと精神状態も安定し、思いやりを持って他人に接することができます。そうすれば周囲からの評価も上がり、ますます人気も上昇し、楽しい女装子ライフを送ることができるでしょう。

♡ストーカーに気をつけて！変態行為に遭ったらすぐ逃げよう

美しい女装子になると、老若男女問わず、モテることが増えます。人気者になるのは女装子の醍醐味《だいごみ》の一つだけれど、中には女装者が好きという性癖の男性など、歓迎しがたい人もいます。

例えば、初対面なのにやたら絡んでくる人。ただの鬱陶しい酔っ払いならまだいいけれど、なかには「ホテルに行こう」と口説いてくる人や、お小遣いをくれるという人も……。そのような行為を求めている女装子もいるけれど、そうでない人は君子危うきに近寄らず。速やかに退散するのが得策です。

また、女装子のなかにはストーカーの被害に悩まされている人もいます。そうならないためにも、安易に電話番号やメールアドレスなど、個人情報を他人に教えるのはやめましょう。

レイコも時々バーなどで1杯奢《おご》ってもらったりすることがありますが、「私が全部払うよ」などと言われたときは断るようにしています。

下心がありそうな人は要注意！　危険を感じたら速やかに逃げましょう。

おわりに
女装は素晴らしい趣味

貯金をはたいて、初めてイギリスを旅行したのは21歳のとき。見るもの聞くもの全てが珍しくて、もう夢中でロンドンの街中を歩き回りました。

気づいたことは、当時の私の感覚で、変わった人が多かったということ。女装者や性別不詳の奇抜な衣装の人に始まり、宇宙船風やチキチキバンバン風の夢のある楽しいカスタムカーなど、その多様性にビックリ！

歴史上、早くから世界中に進出していたイギリスは、地球上の多様な民族や文化に接触して多くの移民を受け入れ、広い視野で物事を見てきたと思います。英国の豊かさや伝統と革新は、この多様性を尊重する社会から来ていると感じました。

おわりに

人類の女装は今に始まったことではありません。

世界中で大昔から行われていたのです。

異性装を禁止する宗教も多く、ときには迫害を受け、虐《しいた》げられ、時代の荒波に翻弄《ほんろう》されながらも細く長く生き続けてきました。

日本は、女装に比較的寛容な国です。金沢の兼六園にある古代の英雄「ヤマトタケル」像は、女性の服装で西征したときの姿です。敵の大将を欺《あざむ》くほどの美少女に変身していたと伝えられています。

あるとき、

「あなたはキレイに変身して、可愛くて妖艶で魅力的。とても男には見えない！」

と言われ、手放しで喜んでいると、

「でも、女にも見えない」

と言われました。これは良い方向に解釈すると、性別を超越した不思議な美しさがあるということでしょうか？

人間の「性」には男性、女性を始め、途中から変わる性、どちらともいえない性など、色々あります。

世の中には多種多様な人がいますが、自分の立ち位置からだけでは、ほかの人のことがよく分かりません。

そんななか、女性を疑似体験して見えてくるものがあります。立場が変わって初めて気づくことがあるのです。

私は、「多様な個人が個人として尊重される社会」、「少数派の人たちを差別せず、その少数派の智恵も生かす社会」、「多様性を尊重する豊かな社会」の実現が人類の進歩に欠かせないと思います。

そう考えると、女装子は近未来の理想的平和な世界を先取りしている姿かもしれません。

この本は、あるパーティーで、主催者である柳井みうさんから編集者の城村典子さんを紹介いただいたことがきっかけで誕生しました。当初は、私が本を出版することになるなんて夢のようでした。しかし、多くの方が、私の価値観を理解し、一緒に大事に考えてくださったことで刊行に至りました。みうさんはじめ、本の企画、編集、制作に関わってくださったみなさま、感謝しております。ありがとうございました。

この本をお読みのみなさまも、どうぞ、自分の価値観を大事にしてください。
きっと多くの応援してくれる仲間が増えることと思います。

女装子メモ

本書を読んで、買ってみたいモノ、
挑戦してみたいことなどがあれば書き出してみて♪
クリアしていくたび、素敵な女装子に近づいていくはずよ。

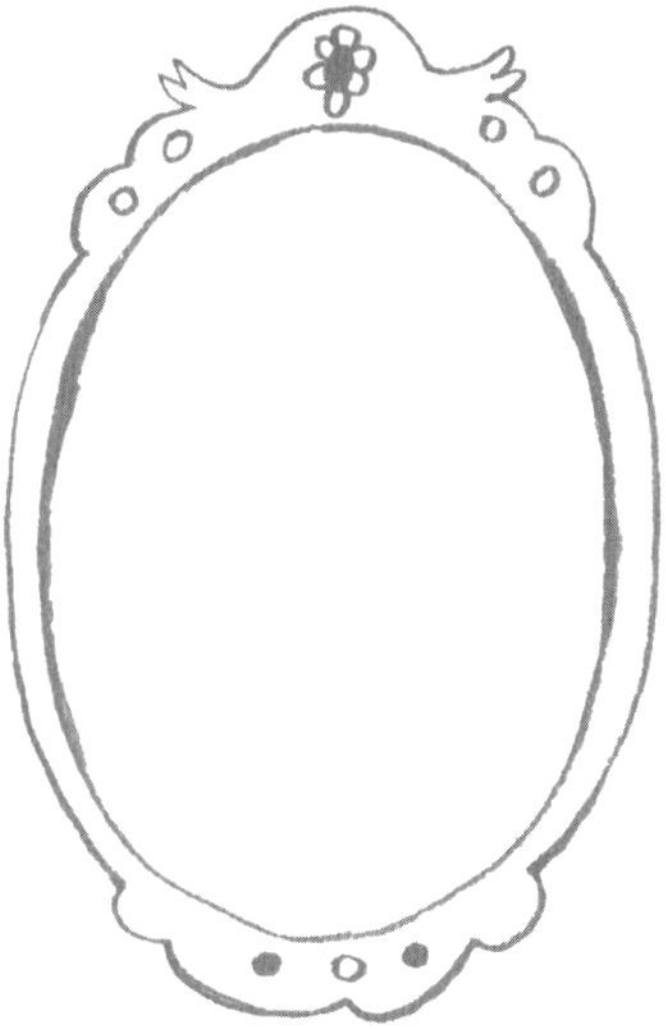

女装子フォトギャラリー

あなたのお気に入りの写真や、
将来なりたい姿の写真があったら貼ってみて。
毎日眺めていれば、いつか理想の女装子になれるかも！？

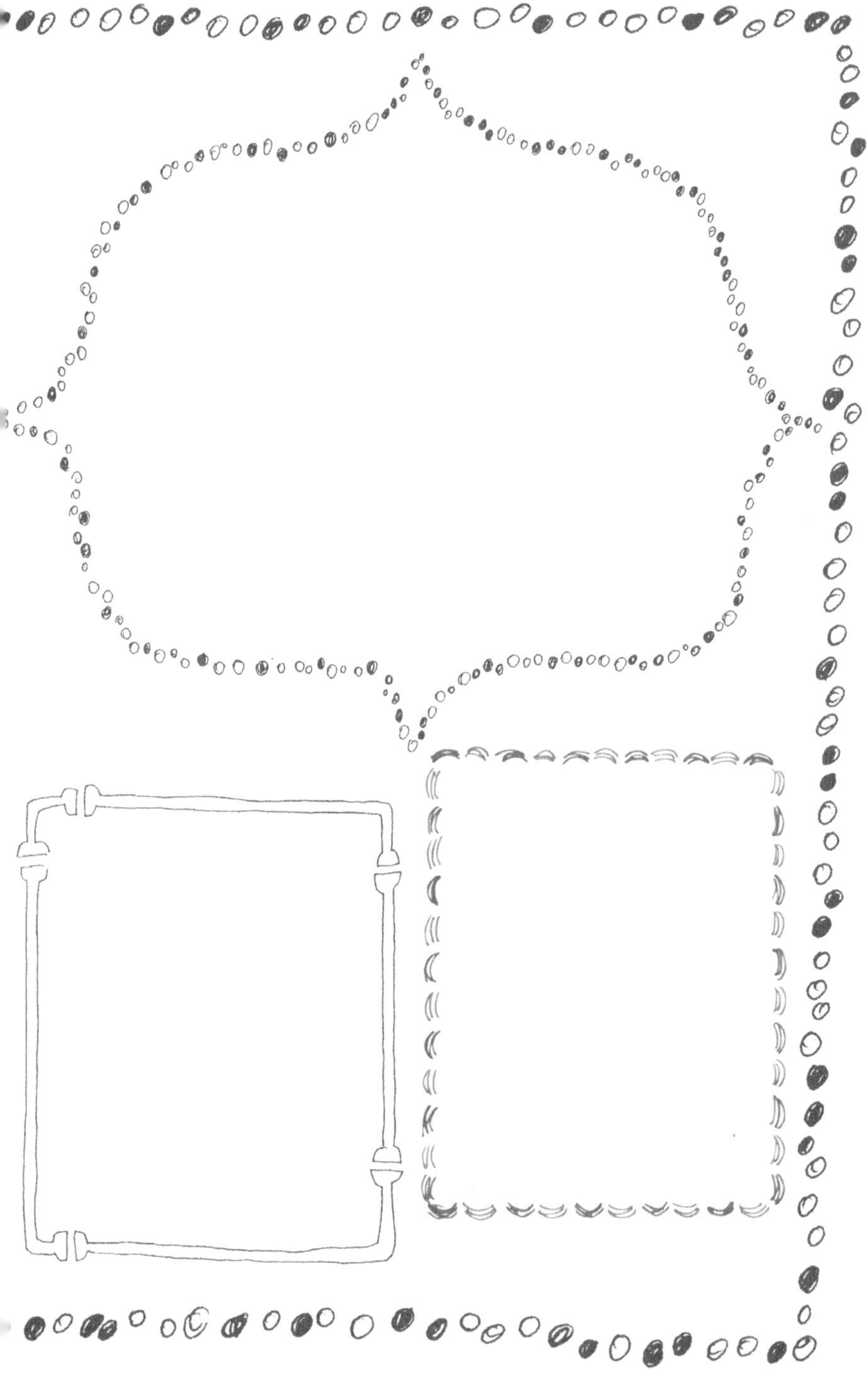

女装子
フォトギャラリー

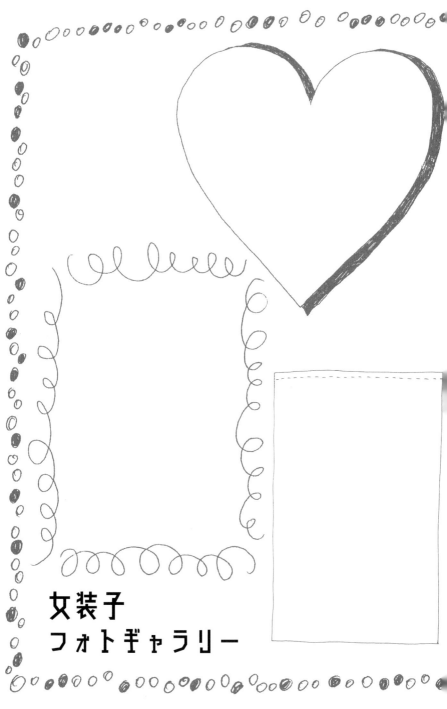

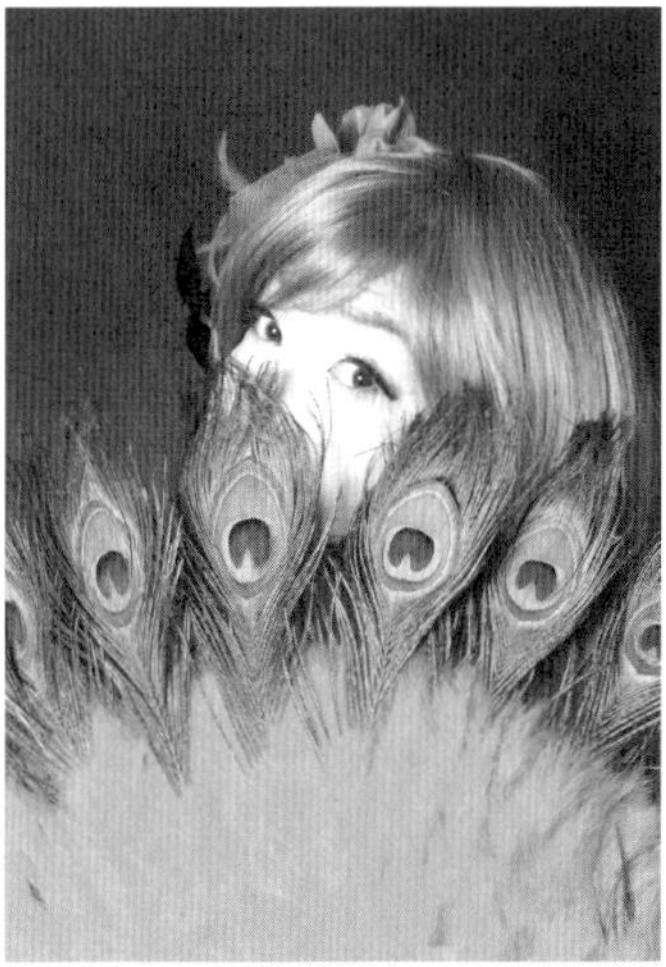

メイク＆メイク指導
ナチュラルプリンセス・チーフメイクガイド
水谷　純

撮影
小久保松直／他

青山レイコ

女装コンサルタント
長崎県生まれ。幼少時から、可愛いものやキレイなものに興味があり、中学生のときから下着女装を始める。結婚後、妻に女装趣味を反対され、一時はすべての女装用品を捨てるが、女装欲を抑えられず、再度収集を始める。そこからは「家族や職場に絶対バレない」をモットーに、夜間や週末のみ女装活動を行う“週末女装子”を開始。現在は、「女装を通じて、身も心もリフレッシュしたい」と願う男性たちのために、初心者でもできる女装講座を開催している。趣味、コスプレ、乗り物博物館巡り。

メール：reikoaoyama1120@yahoo.co.jp
ブログ：http://reikoaoyama.com/

週末女装子道《しゅうまつじょそこどう》

～私《わたし》、普段《ふだん》はまじめなサラリーマンです～

2017年4月20日　初版第1刷

著　者　青山《あおやま》レイコ
発行人　松﨑義行
発　行　みらいパブリッシング
東京都杉並区高円寺南4-26-5 YSビル3F 〒166-0003
TEL03-5913-8611　注文専用FAX03-4243-3913
http://miraipub.jp
E-mail : info@miraipub.jp
発　売　星雲社
東京都文京区水道 1-3-30 〒112-0005
TEL03-3868-3275　FAX03-3868-6588
企画協力　城村典子
編　集　諸井和美
編集協力　三村真佑美
装　幀　堀川さゆり
印刷・製本　株式会社上野印刷所
落丁・乱丁本は弊社宛にお送りください。送料弊社負担でお取り替えいたします。

ISBN978-4-434-23173-5 C0076